1日1つ、教養が身につく

のことわざ100

遠越 段

SOGO HOREI PUBLISHING CO., LTD

まえがき

世界のことわざには、長い年月を経て世界の人々が培ってきた英知が詰まっている。

今回、世界のことわざを集め、それについて解説をさせてもらった。

それら紹介したことわざのすべては（もともと誰かの格言だったかもしれないが）、人々が「その通りだ」「役立つ意味が込められている」と判断し、長年、日常会話に用いることによって定着していったものである。

また、ことわざなのか、昔の人の格言だったのか明確でないものもあった。

例えば、後に紹介する「禍福《かふく》は糾《あざな》える縄の如し」などである。

だから、あまり格言とことわざの違いに目くじらを立てても仕方がない。そんなことよりも、知恵が込められていることわざを学んで、日々の生活や思考、判断などに役立てることに意義がある。

ドイツの文豪、ゲーテは「名言集や格言集は社会人にとって最も賢い友人である」

と言ったという。

私は、世界のことわざを集めて学んでみて、次のようにいえると思った。

「ことわざは、幼児から大人までが身につけるべきことを教えてくれる最も偉大な先生だ」

最近、私はいろいろな名言集や『時代を超える！ スラムダンク論語』『人を動かす！ 安西先生の言葉「スラムダンク」から学ぶ最強のコーチング』など、言葉に関する作品を出させてもらった。それが広く受け入れられたことは、望外の喜びであった。

本書も合わせて繰り返し読んでいただけることで、ますます「読者の志、夢、目標の実現」などに役立つことを確信している。

遠越段

もくじ

第1章 教訓

第2章

知恵

第3章
励まし

第4章 戒め

第5章
真理

第1章

教訓

saying 001

逃げるが勝ち

逃げるは恥だが役に立つ。

ハンガリーのことわざ

第1章

教訓｜001

このことわざの意味は、自分が勝負すべきところをよく考えて、ここではないというときには、一見恥のようだが、大局を考えて逃げるのが得策であるということである。

「逃げるが勝ち」という日本のことわざはこれに近い。「逃げるが勝ち」は、そこで相手に勝ちを譲ったほうが、大局的には勝つことになることを意味する。

戦国時代、織田信長の死後に覇権を争った豊臣秀吉と徳川家康の小牧・長久手の戦いにおいて、兵力には勝るものの軍にまとまりのなかった秀吉は、戦場から去って大坂に戻った。後は得意の調略で支配力をじわじわと家康に及ぼしていく。表面上、小牧・長久手の戦いは家康が勝った形だが、後々の結果を見ると秀吉に軍配が上がるのだ。

私たちの人生においても、すべてにおいて勝つ必要はない。あるときは負けて、逃げた形をとってしまうほうが後々の自分のためになることはよくある。ただ、逃げても次の挽回策を立てておくべきである。

saying 002

チャンスは逃がさない

機会が人を見捨てるよりも、
人が機会を見捨てるほうが多い。

フランスのことわざ

第1章

教訓｜002

「人生の九割は運である」と有名な時代小説家は言ったそうだ。そうかもしれない。運のよかった人が脚光を浴びて、成功者になっているように見えるからだ。

しかし、よく観察すると、運だけで成り上がった人はすぐにだめになってしまう。本物には決してなれていない。

本物は運以上に努力をしている。普段の準備、努力の上に、機会が目の前に来たときにガッとつかんでいるのだ。

機会を逃さないという決断力を運という人もいよう。しかし、正しくは勇気であり決断力である。

鉄鋼王アンドリュー・カーネギーは言っている。「誰でも機会に恵まれないものはない。ただそれを捕えられなかっただけなのだ」と。

世界のホームラン王こと王貞治氏は「もし報われない努力があるのならば、それはまだ努力と呼べない」という名言を残した。

つまり、努力を続ける人にチャンスは必ず訪れるのだ。

saying 003

チャンスを信じてやるべきことをやる

禍《か》福《ふく》は糾《あざな》える縄の如し。

東洋のことわざ

第1章

教訓 | 003

災いが福となり、福が災いのもとになるように、世の不幸と幸福は隣り合わせになっていて、嘆き悲しむことも、有頂天になることもほどほどにしたほうがよいということだ。

　心構えとしては、何ごとにも一喜一憂せず、どんな状況でもチャンスを信じてやるべきことをやり続けよとの教えといえる。

「塞翁《さいおう》が馬《うま》」という中国の故事と同じような意味がある。中国の北の塞《とりで》に住む老人の馬が逃げた。同情する人々に向かって、老人は「これがどうして幸いとならないことがあるでしょうか」と答えた。やがて逃げた馬は他の立派な馬を連れてきたという話だ。

　吉田松陰は妹・千代にこのことわざを手紙に書いて、自分が牢獄に入ることを嘆くなといったという。

「私が牢屋においてこのまま死ぬことになれば、これは災いのように思えるかもしれないが、一方においては牢屋の中では、学問をすることもできて、これによって自分を高め、成長でき、後の世のためになる仕事もできる」（現代訳）

saying 004

幸せとは何か

幸せは去ったあとに光を放つ。

イギリスのことわざ

第1章

教訓｜004

「幸せ」とは何だろうか。

　私が思うに、主観的にこれ以上を望まないほどの満足感を持つことではないか。だから幸せというものは、個人個人の感じ方によるのだ。

　お金持ちになるとか権力者になるとかいうのは客観的なことだが、一つの目標ともなり、それが「成功」などといわれることがある。そんな、お金持ちになることや権力を持つことを目指す人も多いが、それを得たとしても幸せに結びつくことではない。かえって不幸となりやすいこともある。

　実は幸せは、日常の何でもないところにある。

　しかし人は、このことになかなか気づけない。失ったときに初めて気づくことになるのだ。

　ゲーテは言った。

「国王であれ、農民であれ、家庭に平和を見出せる者が、最も幸せである」

　つまり、日常の当たり前の日々こそが、一番の幸せであることを言い当てている。

saying 005

大事なものを知っておくようにする

何を一番愛しているかは、失ったときにわかる。

西洋のことわざ

第1章

教訓 | 005

私は何年か前に重い病気になった。そのとき10カ月に及ぶ入院生活をしてみて気づいたことがあった。それは、何気ない日常を普通に過ごせていることこそ一番の幸せであるということである。

また、普通に食べて、普通にトイレに行くことができることのありがたさと貴重さにも気づいた。

30代で母を亡くしたが、そのとき、母を失うことのつらさと、母が私にとっていかに大事な存在であったかを知った。

先日、吉永小百合主演の「愛と死をみつめて」を観た。ガンに苦しめられる女子大生が「阪神タイガースが優勝したら死んでもええわ」と言う。これは日常会話での言葉のあやであるが、本心は普通の学園生活や家庭生活、そして恋人とのやりとりこそが幸せであることに死が近づくにつれて気づいていくのだった。

私たちは普段から、何が本当に大事なものかを意識しておくべきなのではないだろうか。

saying 006

希望

一年の希望は春が決める。
一日の希望は暁が、
家族の希望は和合が、
人生の希望は勤勉が決める。

中国のことわざ

教訓 006

ことわざの前半は、物事は最初の計画、そしてそれが希望に基づくものであることの重要性を教えてくれている。日本でもよく「一年の計は元旦にあり」という。また昔から初一念《しょいちねん》（初心）が大切だと強調されてきた。初めから希望のない計画では、頑張りようもない。ヘレン・ケラーも「希望がなければ何事も成就するものではない」という。

後半は、日本人の特徴である「和」と「勤勉」の重要性を説いている。日本人は家族のみではなく、集団の和を大切にするが、中国では、家族の和、仲間うちの和のみを大切にするという違いがあるようだ。

人生の希望は勤勉にあるというが、中国では勤勉よりも人のつながり、コネを重要視している節があるとある本に書かれていた（『中国商人儲けの知恵』総合法令出版）。

日本人の場合は希望というより、それが生活信条のようなものとなっている。その上での「人生の希望は勤勉が決める」というのは、さらに素晴らしい教えだと思う。

saying 007

失敗は生かすためにある

四本の足を持つ馬でさえつまずく。

イギリスのことわざ

第1章

教訓 | 007

つまずかない人はいない。

大切なのは、そのつまずきをどう捉えるかだ。

つまずくことを恐れていては何もできない。偉大な指導者として名高い、元イギリス首相のチャーチルが、楽天家がいいといったのもそのためである。

先日、『エジソンの生涯』という本を読んだ（マシュウ・ジョセフソン著、矢野徹、白石佑光、須山静夫訳／新潮社）。

読んで思ったのは、この発明王は、失敗ばかりしているということだ。また訴訟、もめごとはしょっちゅうである。

しかし、エジソンは失敗したなんて思ってもいない。「私は失敗したことがない。一万通りの、うまくいかない方法を見つけただけだ」と言う。「私は、決して失望などしない。なぜならどんな失敗も、新たな一歩となるからだ」とも言う。

この前向きさは、あきれるほどだ。

しかし、こういう態度があったからこそ、発明王になれたのだと思う。

saying 008

人は一人で生きられるものではない

喜びは分かち合うことによって倍になり、悲しみは分かち合うことによって半分になる。

スウェーデンのことわざ

第1章

教訓｜008

人間は人の間と書く。人は一人では生きられない。人と人とのつながり、間の中で何とか生きていける。このスウェーデンのことわざは、まさに端的にそれを教えてくれる。

例えば、喜ぶことがあったとする。一人で悦に入る人もいようが、稀である。一人ではちっとも喜びを感じない。これは本当に喜ぶことなのかもわからなくなる。

喜びにはいろいろあり、自然の美しさ、有難さに感動することもある。しかし多くは、他の人との競争や社会がつくり出した制度の中で喜ぶものを手に入れることが多い。これも人なしにはないものである。

一方、人生には、悲しいことも起きる。孤独で一人悲しむこともあろう。しかし、ほとんどの人は、その悲しみを周りの人と分かち合うことで、悲しさに耐え抜く力を得ることができる。

だから、人が悲しんでいるときは、それを分かち合ってあげられる人であってほしい。こうして人は皆で何とか生きていけるものなのだ。

saying 009

正直は最善の策

一日だけ幸せでいたいならば床屋に行け。
一週間だけ幸せでいたいなら車を買え。
一か月だけ幸せでいたいなら結婚をしろ。
一年だけ幸せでいたいなら家を買え。
一生幸せでいたいなら正直でいることだ。

西洋のことわざ

第1章

教訓 | 009

このことわざは面白い。最後の「正直」こそが一生を幸せにする秘訣であることに説得力を与えるために、少し長めのたとえ話を展開している。

たとえ話の一つ一つについて解説してみたい。

まず、床屋に行くと、その日はなんだか気分がいい。車を買うと、しばらくは幸せな気持ちでいられるようだ。

「結婚は墓場である」ということわざもあるようだが、長い目で見ると幸せなことであろう。

小学生のころ、「家を建てるのを人生の目標の一つにすべきだ」と教わったが、私はいまだに実行できていない。

そして結論は、正直でいよということだ。これが一番難しそうだが、やろうと思えば誰でもすぐできることだ。西洋が先進国となったのも、この正直が最善だという道徳があったからだろう。

新渡戸稲造の「武士道」にもそう書かれている。そこでは西洋の商業道徳として「正直は最良の策」というのがあり、だからうまくいったと紹介されている。

saying 010

他人を思いやれる人は、自分を伸ばす人である

情けは人のためならず。

日本のことわざ

第1章

教訓 010

この言葉については「人に対して情けをかけることは親切のように思えるが、実は人をだめにしてしまうことになるから、控えるべきだ」と解されていることがあるようだ。

しかし、もともとは日本の中世からあることわざの一つで、人に情けや温情をかけることは、巡り巡って自分のためにもなるという意味である。私はこの解釈のほうが正しいと思えてならない。

最近は、自己責任の原則が浸透しているためなのか、よくわからない。

いわゆる利他行為が究極の成功原則だともいわれていて、他人からの見返りを期待して善意を押しつけるのはこれに反すると思われるわけだ。

見返りなどを期待することなく、目立つこともなく、あくまでも人のためになることをする人は、世の中が放っておかないというのが正しい道筋である。

saying 011

若いときを楽しみ、しかし、同時に大いに鍛えるべし

幸福は婦人に似ている。
若い者を好み、移り気だ。

ドイツのことわざ

第1章

教訓 | 011

若いときというのは実にいい。

本当はとても楽しいときなのだが、その時代にいると気づかないことがある。それは、いつまでも若いときが続くと錯覚することだ。これは仕方がない。まだその後のことを経験していないからだ。このような若いときを大いに楽しまなくてはもったいない。

また、若いときはエネルギーが強く何でも吸収できるので、このときこそ一生懸命に学び、自分を鍛えておくべきなのだ。

幸福は移り気で、そんな楽しい若い時代が過ぎると、どこかに行きやすい。

しかし、若いときから学び続ける人には魅力も力も備わり、誰からも幸福からも好かれる人となる。幕末の日本を代表する長寿の学者・佐藤一斎は言った。

「朝に食べていないと、昼に空腹となる。同じように若いときに学んでいないと、壮年になって困る。つまり正しい判断もできなくなるのだ」と。

若いときの幸福を一生持ち続けるためには、若いときから学び鍛え続けるしかない。

saying 012

われ以外皆わが師

先生からは多くを、
仲間からはもっと多くを、
弟子からはさらに多くを、
学ぶものだ。

イスラエルのことわざ

第1章

教訓 | 012

昔から師友をよく選べとされてきた。

それは、先生と友人、仲間でその人の人生がより大きく成長するかどうかが決まりやすいので、どの人から教わり、どのような人とつき合うかがとても重要であるということだ。

イスラエルのことわざでは、実は先生よりも友や仲間からのほうが多くを学べるといっている。確かにそうかもしれない。友や仲間と切磋琢磨し、競い合い、励まし合ってこそ学びがより身につくものだからだ。

そして、さらに弟子によって、もっと多くのものを学ぶことができるという。

弟子というと教え子や自分の後輩、さらには自分より若い人たちも含んでいいだろう。時代は日々変わり、新しくなる。こうした弟子たちに教えることで逆に新しい知恵もわかろうというものだ。

国民的作家であった吉川英治の座右の銘「われ以外皆わが師」という気持ちでいることで、いつまでも進歩、成長できる人となるといえそうだ。

saying 013

嫌なことは忘れるに限る

どうにもならないことは、忘れることが幸福だ。

ドイツのことわざ

教訓｜013

人の悩みの多くは、取り越し苦労といわれる。起きるかどうかもよくわからないのに、心配してばかりいて、ついには精神が参ることもある。

だから心を健全にしておき、問題が起きても対処しうる状態にしておかなくてはいけない。そして、どうにもならないことは忘れることが幸福なのだ。

名著『人を動かす』『道は開ける』のアメリカの作家、デール・カーネギーは悩みの解決法として、三つに分けて考えることを勧めている。

1．その問題が最悪どうなるかを想定する。

2．どうしようもないとわかれば覚悟を決めてしまう。

3．そのうえで最悪にならないために一つずつ改善していく。

2のどうしようもないことは、覚悟してしまえばいい。あとは、ことわざにあるように忘れてしまえばいいのだ。起きたときはそのときである。すでに覚悟はある。それまで心を悩ませても仕方がない。

saying 014

言い訳ばかりしない

何かをしたい者は
手段を見つけ
何もしたくない者は
言い訳を見つける。

アラビアのことわざ

第1章

教訓｜014

言い訳ばかりする人を、たまに見かける。

どの人も嫌われていた。それはよくわかる。自分の非を絶対に認めないのだから。

最も多いのは、いつもではないものの、勝負どきや大事のときについ言い訳が出てしまう人である。

「これは大変難しいことだからしょうがないよね」

「私も頑張ったんだけれど」

と前置きしつつ、言い訳をする。

そこで「よいしょ」と踏ん張り、よい手段を見つけることができれば、私たちの人生も一味違ってくるのではないか。

その手段を見つけられるまではできる限り言い訳をしないことにしたい。これができる人は、やはり物が違ってくる

言い訳は、何もしたくないことを示すものと、自分を戒めたいものである。

saying 015

お金の使い方

お金は肥やしのようなもの。まき散らさないと役に立たない。

西洋のことわざ

教訓 015

このことわざは、節制するより、人生を楽しむためにも、使えるだけのお金を大いに使おうという考え方が背景にある。

一方、日本人はこれまで、節約し、貯金をするのが美徳とされてきた。

しかも税金を払いたくないと考える。これはよくある感覚だが、何とタンス預金は100兆円を超えたともいわれている。

お金は、しかし、ある程度は回ってこその経済の繁栄がある。貯金はいいことだが、国民全員がそればかりだと不景気になる。

ドイツのある文豪は「耳ある者は聞くべし。金ある者は使うべし」と言っている。

お金を使うことも社会の活性化のためには必要なことだ。自分も楽しくなる。

自分の生活をにらみ、損なわないことを原則としながらも、程よくお金をまき散らしていくことで、世の中はうまくいくのだ。

saying 016

言葉に対する反応力と感受性

言葉に打たれぬ者は、杖で打っても効き目がない。

ギリシャのことわざ

第1章

教訓 | 016

人間は、まず言葉が大切である。そして次に行動である。

言葉すなわち知と行いが合致する、いわゆる知行合一《ちぎょうごういつ》を説いたのは、中国の儒学者、王陽明《おうようめい》の陽明学である。佐藤一斎、吉田松陰、西郷隆盛たちも影響を受けている。

言葉イコール行動というのが、できる人たちの在り方のようである。右の吉田松陰にしろ西郷隆盛らは、言葉を大切にした。決して言葉を蔑《ないがし》ろにしなかった。言葉に反応する力、感受性があることは一流の人間である最低条件のようなものである。

感受性がないと何をやってもうまくいかないと説いたのは、松下幸之助やプロ野球の名監督だった野村克也氏である。

ところが、口先だけ調子を合わせる人もいる。口先だけ、見かけだけの人は、言葉に打たれることもなく、杖で叩かれても効き目がない人のことである。

つまり成長が止まった人である。

saying 017

時には馬鹿になれ

時に愚人の素振りができない人は、本当の賢人ではない。

西洋のことわざ

第1章

教訓 017

英雄になる人というのは、人に愛されなければならない。だから英雄は笑顔がとても魅力的な人であることが必要であるという。

英雄とまではいわなくても、何か事を成す人、人に好かれる人というのは可愛げのある人である。

いつも利口ぶって、かしこぶる人はだめである。ときには愚人のふりができ、馬鹿になれるような人でないといけない。

孔子も中庸《ちゅうよう》の人がいいとしながらも、その中庸の人というのは滅多にいないから、狂者《きょう》、狷者《けん》（へそ曲がり）と交際したいと述べている。

狂うとは、ここでは愚人のようではあるが、一つの理想に向かってまい進する人のことを言う。

ただ、やはりときには馬鹿になれる人こそ、賢人なのではないかというべきであろう。

saying 018

人間として優れている人の資質

愛すること、忘れること、そして許すことは、人生の三つの試練。

スウェーデンのことわざ

教訓 | 018

人間として優れている人の資質を測るバロメーターには、いくつかのものがある。

このスウェーデンのことわざが教えてくれる三つのものは、相当に高いレベルの人であることがわかるものである。高レベルかつ人間の本質的なものであり、私たちが生涯目指していきたいものである。

まず愛すること。愛とは定義することは難しいが、私は相手のよき点を見つけ、伸ばし、育てていくことができる心を持つことだと考えている。人間の生み出すよきものは、すべて愛がもたらすものだと解される。逆に愛がない人の生み出すものは、よくないものばかりである。

次に忘れることであるが、忘れることができることで人間の幅は広がり、新しいものを生み出すことができるのだ。

最後に許すこと。許すことのできる人は、心が奥深くて、広い。人間への深い理解もある人だ。なかなかできることではないが、人を許せるほどの度量がある人は本当にレベルが高い。

saying 019

焼きもちはほどよく焼く

焼きもちとかきもちは焼くほうが良い。

日本のことわざ

第1章

教訓｜019

日本人がよく使ってきた名言の一つに「焼きもちはほどよく焼け」というのがある。

焼きもちというのは、他人への嫉妬のことである。「焼きもちは狐色《きつねいろ》」ということわざもあるが、焼きもちは人間として自然であるから、無理になくしてしまうより、狐色にほどよく焼くべきだというものである。

このことわざは、もともと女性の焼きもちを言ったものだが、人間関係全般に当てはまるものだろう。

ほどよい焼きもちは好ましいが、行き過ぎると相手のみならず、みんなに嫌われてしまうことになる。

焼きもちや他人への嫉妬は、まったくないのも問題である。というのも、これは一見できた人のようではあるが、実は自己愛が足りず、自分の向上心に欠けてしまっていることが多いからである。

自己愛、自己信頼はすべての出発点である。誰にでもあるべきものだ。あとは行き過ぎないように、ほどよくということを考えることになる。

だから焼きもちは、ほどよく焼きたい。

saying 020

男女関係は難しいが、永遠のエネルギー源

据え膳食わぬは男の恥。

日本のことわざ

教訓 | 020

右の言葉は、男からすると、女性から男性を誘うわけにはいかないのでは……という女性側の言い訳として使われている気がしないでもない。

男は、女性の気持ちを常に推し量り、その期待を的確に見抜いて、期待があると確信できた場合には、行動に移さなくてはいけない。

このことわざのことをよく考えて、従わなくてはいけないこともあるのだ。

最近の若い男性は、精力というか女性に対する興味が薄れているようだ。

しかし、「人間は天使であるとともに動物である」と喝破したパスカルのように、動物たる本能がなくなるはずはない。

男女関係に自由度が増し、昔のようにガツガツしなくてもよくなっているだけなのかもしれない……。

saying 021

学問なき経験は、経験なき学問に勝る。

イギリスのことわざ

第1章

教訓｜021

イギリスの名首相であったベンジャミン・ディズレーリは「いかなる教育も逆境に及ぶことなし」と言っている。また、サミュエル・スマイルズの名著『自助論』には、スコットランドが生んだ地質学者で作家のヒュー・ミラーの次の言葉が引用されている。

「勤労は最高の教師だ。キリスト教を教える学校を除けば、これにかなうところはないだろう。役立つ能力を与えられ、自立の精神を学び、自己目的を追求する習慣が身につくのだ」

ここでいう勤労とは、経験と置き換えてもいいだろう。

右のことわざがいうように、経験は学問に勝るといえる。ただ、「論語」や「言志四録」でも述べられているように、他人からの教えにも素直に学ぶ姿勢もあったほうがいい。

経験は学問に勝るが、他人の教えを無視ばかりしていると自分の成長のためにももったいなく、知識や考えが偏る危険もあるからだ。

第2章

知恵

saying 022

心の持ち方

不幸な人は希望を持て。幸福な人は用心せよ。

ラテンのことわざ

第2章

知恵｜022

幸、不幸は心の持ち方がもたらすのではないか。

それでも、つらい目にあって、神も仏もないものかと思うときもあるだろう。

「絶望は愚か者の結論である」という言葉がある。

希望を持つ人は、何とか前向きに生きていける。いつか、光が差し込むときがやってくると信じている。だから何があろうと希望は失ってはならない。

反対に、幸福に酔う人は危険が訪れやすい。

幸福であるときは、それ以上の欲をかかずに、用心を忘れずにしておくほうがよい。

菜根譚《さいこんたん》も教えている。

「天が人に与え、操る運命を知ることはできない。抑えるかと思えば、これを伸ばし、かと思うと、またこれを倒してしまう。しかし、天が逆境を与えれば、これを順境とし、平穏なときには、いざというときの心構えを忘れないようにしたい。天もこのような人に対しては手の下しようがない」

saying 023

若いときは必死に仕事に勉強に励みたい

年をとってから暖まりたいものは、若いうちに暖炉を作っておかなければならない。

ドイツのことわざ

第2章

知恵｜023

人は一生を通して勉強したいものではないか。そして仕事をしていきたい。それなら若いときこそ、必死に頑張らなければならないだろう。

というのも、若いときはエネルギーもいっぱいで、失敗してもやり直しがきくからだ。

若いときから〝楽な道がいい〟などとしていると、年をとってから悲惨なことになる。それは自分が招いたことであるが、若いときには気づきにくい。いつまでも若くいられる、年なんかとらないだろうという錯覚に陥るからだ。

しかし、あっという間に年をとるのが人間だ。これは私自身の実感である。

若いときに頑張ってきたつもりでも、やり足りなかったのではないかという反省がいつもある。

自分を壊さないという程度は自分自身でわかる。その範囲で、若いときどれだけやれるかが一生の財産となるのだ。

saying 024

自らの心の声に従え

事にあたり
良心の命《めい》に耳をかたむけよ、
生涯に悔いを残さないために。

ラテンのことわざ

第2章

知恵 | 024

孟子の有名な言葉に「自《みずか》ら反《かえり》みて縮《なお》くんば、千万人《せんまんにん》といえども吾往《われゆ》かん」というものがある。

まさに、ここにあるラテンのことわざを孟子得意の名調子で言っており、私たちを奮い立たせるものである。

この言葉は日本の武士たちの間でも貴ばれたという。自分の良心に忠実に従うことは洋の東西を問わず、大きなことを成し遂げていく力となるようである。

アメリカの聖職者であるジェームス・フリーマン・クラークも言う。

「すべての真の勇気は、良心から生まれる。人が勇敢であるためには、自分の良心に従うことが大切なのだ」と。

自分の良心の命に耳を傾けるということは、徹底した自己信頼を生む。自己信頼は自分を信じて進むということだ。こうして決して後悔することのない生涯を送ることになる。

saying 025

急いで行こうと思ったら古い道を行け。

タイのことわざ

第2章

知恵｜025

「歴史は繰り返す」（古代ローマの歴史家、クルティウス・ルフスの言葉）ものであるし、人間の行いは昔からそう本質が変わるものでないといえる。だから歴史を学べば、同じ間違いをしなくなるし、目的地に行くための早い道を教えてもらえる。

また、古典も昔からその価値が高いことから、これも学ぶと、余計な遠回りを避けることができる。

儒教の創始者のようにいわれる孔子も言っている。

「私は昔から伝わる古典や歴史に学び、それを基本として述べているのであって、何も自分で創作しているのではない」

一人の人間がいかに天才的な能力を持っていたとしても、一人の知恵だけでは大したことはできないだろう。古くから人々が作り上げてきた道を、さらに整備するくらいのものである。新しい道も古い道をまったく無視しては間違ってしまうことになる。

saying 026

やりたいことを明確にする

口に出さなければ神様も聞き届けようがない。

イタリアのことわざ

第2章

知恵｜026

このことわざでは、はっきりと意思表示をしなければ、神様ですらどうやって救っていいかわからないといい、やりたいことを明確にすることの大事さを教えている。自分で何をやりたいのかをはっきりさせることとは、簡単なようで難しい。

神様は、その人が誠実であれば、そして努力を怠らなければ、必ず助けてくれる。

しかし、自分のやりたいことが本人にも明確にわからないと、どうしようもないのである。

やりたいこと、目標にしたいことをはっきりさせるには、どうしたらいいのだろうか。

一つは、ことわざにもあるように、口に出す、話すということであろう。口に出すことで考えがまとまり、何がやりたいかがわかってくる。神様にも通じる。もう一つは書き出してみることだ。日記やノート、他人への手紙などに書くとよいだろう。さらにいいのは、書いたものを声に出して読んだり壁に貼ることだ。人は、自分で考えたことも忘れることがあるので、その防止にもなるのだ。

saying 027

頭がさえているのは朝

朝は前の晩より賢い。

ロシアのことわざ

第2章

知恵｜027

若いときは夜も頭はよく働く。それでも夜の思索は飛躍する面白さはあるが、冷静な部分がかなり抜ける。前の晩に書き上げたラブレターを翌朝読むと、とても出せたものではないと恥ずかしくなったという経験をした人もいるのではないか。

まだ20代はいい。しかし、30代を超えたあたりから夜の頭の働きはぐっと落ちてくる。

例えば、売れっ子作家で大量のものを書くという時代小説家の佐伯泰英《さえきやすひで》氏は、午前中にその日の分は書き終えるという。

漢字の研究で95歳まで大量の執筆を続けられた、故・白川静《しらかわしずか》氏は、午前中に三〇〇字詰原稿用紙でほぼ20枚近くを書き、あと10枚ほどを午後と夜で書かれたそうだ。

やはり夜より朝のほうが断然生産性はいい。

若いうちから朝を大事にするという習慣をつけておくことは大事だ。遅くとも30代からはそうしておきたい。すると40代から90代までの仕事も充実していく。

saying 028

迷わんよりは問え。

日本のことわざ

第2章

知恵｜028

問い方でその人の実力のほど、人間性がよくわかるという。では、どういう問い方がいいのだろうか。

まずは、迷うほどに考えていることは、とにかく人に問うてみることだ。

プライドが高い人は、人に質問など嫌と言ったりするが、それは愚の骨頂だ。自分の人生をよくするために変なプライドなどいらないではないか。

また、やたら質問することもよくない。よく悩み考え、自分でも調べ尽くしたことがわかるほどでないと、相手もすべてを出して教える気にならないだろうし、もし教えてもらっても、それがどのように役立つかわからないはずである。

そして教えてもらえたならば、相手に感謝することだ。感謝されることで、教えたほうは教え甲斐はあるし、教わったほうもこれで学べたと喜べる。

ところがこの感謝が難しいのだ。素直に感謝できる人というのも、なかなかの人物であることの証明となる。

saying 029

自分にできることを精いっぱいやる

ガゼルは知っている。
最も足の速いライオンよりも速く走らなければ、
殺されてしまうことを。
ライオンは知っている。
最も足の遅いガゼルよりも速く走らなければ、
飢え死にしてしまうことを。
あなたがライオンなのか
ガゼルなのかは問題ではない。
夜が明けたら、とにかく走ることだ。

アフリカのことわざ

第2章

知恵 | 029

じっとしていれば死ぬだけだ。自分の持てる力を精いっぱい使っていないと、やられてしまうという。そして死が迫ってくるのだ。これはガゼルとライオンだけの問題ではない。人間の世界でも同じである。同じではあるが、現代はいろいろとカモフラージュされているから、わかりにくいところがある。

国家は社会制度を設けて、全力を出せない事情のある人たちをある程度救うようにしている。問題は一生懸命に働かない人の中でも、この制度をうまく利用して怠ける人が出てくることだ。よその国からもこれを狙って入り込んでくる人がいるという。

ここには二つの問題がある。一つはこれを放っておくと国家経済はいずれ破たんしてしまうということ。もう一つは、本来全力を尽くして頑張れるのに、怠けてしまう人は、自分の能力を発揮できなくなってしまうということだ。

後者の問題のほうが大きいだろう。せっかくの自分の能力をだめにするだけだからだ。

さあ、全力で走るのだ。

saying 030

人をほめたい

人はけなされると怠け者になり、ほめられると力が湧いてくる。

スコットランドのことわざ

第2章

知恵｜030

奇跡の教育者といわれた吉田松陰は、どうして奇跡を起こせたのか。その理由は、全身全霊で相手の心に訴え、あなたならできると心から信じて褒め上げたからではないか。

若者たちが旅をするときには、出発前に手紙を渡して励ました。

また、牢屋にいたときも、処刑される前に囚人仲間たち（世間に恐れられている人たち）の要望で講義をしている。聞く者はみな涙を流していたという。

人間を伸ばすのには、心から褒めること、しかもその人のいいところを見つけて、褒めることが効果的だ。それができる人が、人を伸ばす人であろう。

最近の研究では、褒められると脳は活性化するという。認知症治療でも効果があるようだ。

若い人ほどほめて伸ばしていきたい。

saying 031

愛することで人は成長する

汝の愛を選びなさい。
汝の選びを愛しなさい。

ドイツのことわざ

知恵｜031

すべてのものを愛せればいいが、それは無理だ。人には限りというものがある。だから自分が愛するものを選ばなくてはいけない。すべてを愛するというと一見よさそうだが、すべてを薄く愛することになってしまう。

愛の本質について、私は前に「人のよいところを見つけ、それを育てること、成長させること」と言った。また、愛するということは、感謝することでもある。自分が見つけ、育てること、成長させることは、自分にとってもありがたい存在を生み出していくことにもなるからである。

以上からすると、愛は動詞である。ことわざのように「選びを愛しなさい」ということになる。こうして愛は、行動を伴うものとなる。そして、愛は相手への「尊敬」（リスペクト）になっていく。

ドイツの哲学者、ヨハン・ゴットリープ・フィヒテは「尊敬ということがなければ真の恋愛は成立しない」と言った。私もそう思う。

saying 032

神様は見ていてくれる

「神様お願いします」より「神様のおかげです」がいい。

ロシアのことわざ

第2章

知恵 | 032

私たちは、困ったときは神様にお願いをしがちである。しかし、だからといって神様がえこひいきしてくれることはない。ちゃんと人を見ているはずである。だから、神様にお願いするよりも、努力をしている人がそれだけの成果を得ていくことになる。

剣豪・宮本武蔵は「我、神仏を尊びて神仏を頼らず」と言った。剣の勝負に神頼みでは、命がいくらあっても足りなくなる。

私は、高校受験のとき、友人たちと太宰府天満宮に神頼みに行った。合格した者も不合格の者も出た。菅《すが》原道真《わらみちざね》は言っている。

「心だに誠の道にかなひなばいのらずとても神やまもらむ」（心に誠意を持ち、道理にかなった行動をしていれば、ことさらに祈らなくても神は守ってくださるであろう）

神様にお願いするかどうかより、誠実にやるべきことをやる人を神様は守ってくれるということだ。日本でいう「お天道様は見ていてくれる」は、古今東西の真理である。

saying 033

祈っているだけではだめだ

お祈りは唱えても、櫂《かい》の手は休めるな。

ロシアのことわざ

第2章

知恵 | 033

祈りは大切だ。

だが、もっと大切なことは、日常の行いである。このロシアのことわざはそれを教えてくれる。

例えば、小さな船で嵐にあったとき、嵐がおさまるようにと祈っているだけではしょうがない。櫂を必死にこいで、助かるように努力しなければならない。

こうした小船の話ならすぐ納得するものの、私たちの人生全般のことになると、つい気づかなくなることも多い。

結果として、祈ってばかりになってはいないかとの反省が必要となる。やるべきことを一生懸命にやる。そのうえで祈り、感謝することを忘れないようにしたい。

話は一転、下賤《げせん》のことになるが、日本の川柳で面白いものがあった。

「泣きながらよい方を取る形見分け」

これも泣いてばかりではだめで、同時に必要なことはやるという庶民の知恵である。

saying 034

言動はよく慎む

君子危きに近寄らず。

日本のことわざ

第2章

知恵 | 034

君子とは立派な人のことをいうが、このことわざでの君子はちょっと茶化した感じで使われていて、普通の常識人という意味にとることができる。

その常識人というか、私たち一般人は、余計な騒動、危ないことに巻き込まれてはならないことを教えてくれる。そのためには、言動を慎み、冒険して賭けに出るようなことはやめるべきとの戒めを含んでいる。

冒険あるいは冒険的事業は、英語でベンチャーというう。このことわざでは、起業家すなわちベンチャーは勧めない方向だろう。

有名な経営コンサルタントは「ベンチャーで成功する人は、普通の人でない」と漏らしていた。そういえば〝海賊とよばれた〟出光佐三は次のことを言っていた。「イージーゴーイングは絶対に排除し、努めて自分から難関に向かうようにする」と。

ここぞというときには冒険、挑戦もありだが、わざわざ難関、危険を求めるのはどうか。だから私たちのような凡人でなく、尊敬される〝海賊〟なのだろう。

saying 035

いつまでも甘えていてはいけない

人があやしてくれるときに笑いなさい。
でないと、やがて人は
あやしてくれなくなりますよ。

西洋ことわざ

第2章

知恵 | 035

人間関係は難しい。対の関係にあるから、こちらの都合ばかりでは何ともならない。

人の和を重んじる日本人は、対人関係で甘える傾向にあるのではないか。

人は、落ち込んだり、傷ついたりした人に手を差し伸べる。不機嫌な人はあやしてくれる。

これに甘える人もいる。人があやしてくれることに一種の快感を覚えて、いつも不機嫌なフリをしてしまうのだ。

ところが、人は優しいようであるが、いつまでも甘くない。立ち直ろうとしない人や、いつも不機嫌な人とは関係を持ちたくなくなっていく。みんな自分のことで精いっぱいだからだ。

それでも何とか助けてあげたいと思い、あやしてくれる人もいる。ただ、相手がいつまでも自分で立ち直ろうともしないような人であれば「もういい」となってしまうのだ。

自分のことは何とか自分でやれるようにし、人が困れば助ける。これを生き方の基本とせねばならない。

saying 036

人生はその人次第

人生はメッセージです、聞きなさい。
人生は信念です、信じなさい。
人生は贈り物です、受け取りなさい。
人生は愛です、想いなさい。
人生は冒険です、挑戦しなさい。

アフリカのことわざ

第2章

知恵｜036

数え切れないほどの人たちの人生がある。誰一人同じ生き方はない。ということは、これが正解だということはないのではないか。

しかし、その中でも目指したい方向性というか、自分に向いた生き方を探していくために必要なことを教えてくれるのが、このアフリカのことわざである。ここにあるアドバイスは決して具体的でないものの、私たち一人一人が、必要としている姿勢である。

少しだけ説明させてもらうと、まず「人生はメッセージです」というのは、人にはそれぞれ天や神から与えられたミッションがあるというものであろう。「人生は信念です」というのは自分の目標を決めたら、何としてもやり通すという心を持てということである。「人生は愛です」とは、すべてよい物は愛から生まれることを教えてくれる。「人生は冒険です」は、だから自分の思いを実現していこうと、励ましてくれるのである。

saying 037

話し方に気を使いたい

真実の矢を射るときは、その先端を蜜に浸せ。

アラビアのことわざ

知恵 | 037

私の反省すべき点をズバリ指摘してくれることわざである。何も自分が正しいとは限らないくせに、特に目上の人、いわゆる権力や権威のありそうな人に対して思ったことを正直に言ってしまい、トラブルを起こすことがよくあったのだ。

救われるのは、同病《どうびょう》相憐《あいあわ》れむ人とか、自分と同じように権力も権威もない人には、このようなことは言わないところであろうか。それでも、常に相手のことをよく考えて、いい方を間違えないようにしたい。

というのも、誰だって自尊心があるからだ。

〝武士道の論語〟ともいわれる「葉隠」もいう。

「たいていの人は、人が聞きたくないいいたくないことをいうのが親切のように思い、それを相手が受け入れないと、どうしようもないとあきらめる。しかしこれでは何の役にも立たない。人に恥をかかせ、人の悪口をいうのと同じである。自分の気晴らしにいったに過ぎない」

言葉は相手の心を気づかい、そして蜜を浸してから口にすべきである。

saying 038

怒りは消し去れ

過去を忘れ、心から怒りを消し去れ。
どんな強い人間も、
そんな重荷に耐え続けることはできない。

チェロキー族のことわざ

第2章

知恵｜038

チェロキー族は、アメリカ先住民（いわゆるインディアン）の一部族である。チェロキー族の血を引いている作家、フォレスト・カーターの『リトル・トリー』（和田穹男訳／めるくまーる）は、私の愛読書の一つだ。何度読んでも涙が出る。

『リトル・トリー』を読んでいると、中国共産党の毛沢東にだまされていったチベットのことが思い浮かぶ。また、ここにあるチェロキー族のことわざもチベットのダライ・ラマ法王（十四世）の述べている言葉と通じるものがある。

インディアンをだまして追いやった（あるいは殺した）侵入者たる白人たちは「愛」をうたうキリスト教を信じている。中国人も相手を思いやるという「仁」を一番の価値があるとする。

「愛」も「仁」も人間の理想だし、私たちが目指すべきものである。怒りも消し去りたい。

ただ、国家や組織の存続のためには誇りを守り通すことも必要なときがあるのも現実だ。

saying 039

すべてにうまくいく方法

最善のものを希望せよ。しかし最悪のものに備えよ。

西洋のことわざ

第2章

知恵 039

最高の兵法書といわれるのが「孫子」である。

ナポレオン、ヒトラーからビル・ゲイツ、孫正義氏に至るまで、勝つために必要なものは何かを求め、「孫子」に学んでいるという。

アメリカ軍もベトナム戦争での失敗を反省し、やはり「孫子」に学べということになったそうだ。中国も「孫子」の兵法を一応は実践している。

今では世界中の人が「孫子」を修めることで、国と組織、そして個人の人生もよくしようとしている。

ただし、結局のところ「孫子」の考えを本当に身につけているかどうかで、その勝ち負けが決まるといえるようだ。

「孫子の兵法」を一言でいえば、「最善のものを希望せよ。しかし最悪のものに備えよ」ということなのだ。そのためにも、「彼を知り、己を知らなければならない」。そうすることで、最悪から逃れる方法も最善のものを手に入れる方法も見えくるものだ。

saying 040

絶対に負けてはいけない

戦争でも恋愛でも
勝つ者がいつも正しい。

スペインのことわざ

知恵｜040

「歴史は勝者がつくる」といわれる。ある意味そうであろう。

勝者は自分に都合のいい歴史を残すものである。敗者が正当化されることは許し難く、それ故に残らない。日本は第二次世界大戦で敗れ、いわゆる〝東京裁判史観〟が戦後70年も過ぎたというのに、まだまかり通っている。戦争をして負けると、こうなるのだ。

戦争はもってのほかだが、負ける戦争など絶対にしてはいけない。たとえ戦争をしてしまったとしたら、勝てるまで力を蓄え、弱ければ権謀術数を使いながら負けない策を考えなくてはいけない。

このことわざは、情熱の国スペインらしく、戦争だけでなく恋愛の勝ち負けも含んで言っている。

恋愛は、勝たなくとも文学にはなりうる。思い出も残る。しかし、目的は恋愛の成就にあるのならば、そのためにあらゆる手を尽くすべきだとなる。ここで絶対に必要なのは、クラウゼヴィッツが『戦争論』で力説したように、最後まで負けないぞという意思であるのかもしれない。

第3章

励まし

saying 041

チャンスは何度かあると思え

神は一つのドアを閉めても
千のドアを開けている。

トルコのことわざ

第3章

励まし｜041

「幸福の女神には前髪しかない」との格言が、西洋にはある。

チャンスは滅多にないものだから、逃がさずつかみにいけというのだ。確かにと思える。チャンスというものを逃がさないために、不断の努力と準備が必要ということだ。

だが、そのチャンスを逃がしたらだめなのか。いや、「塞翁《さいおう》が馬《うま》」ということもある。一度のチャンスを逃したくらいで諦めたくはないものだ。

右のことわざには勇気をもらえる。頑張っている人には、チャンスは何度も与えられるのである。

千のチャンスがあるというからには結構な数である。ただ、いくらでもあると思わず、必ず何度かはあると思っているくらいが、積極的にチャンスをつかもうとするので、いいのではなかろうか。

saying 042

つまずいても、めげない

つまずきは、転落を防いでくれる。

イギリスのことわざ

第3章

励まし｜042

誰もつまずきたくはない。

特に年老いてからのつまずきは、足を痛め、歩くことに支障をきたすこともあり、気をつけなくてはならない。それでも転落してしまうよりはいいだろう。

ものは考えようで、そこでつまずかなければ、転落してしまうことだって考えられる。だから不幸中の幸いともいえる。

これに対して、若いときのつまずきはあったほうがいい。いつまでを若いというかは一概にいえないが、20代、30代は当然若く、40代も場合によっては若いときとされよう。というのも40代でつまずいても、元に戻る、いや、より強くなることが多いからだ。中にはすごい人もいて、50代、60代でつまずいても元気に戻り、さらにパワーアップする人もいる。

ここでいうつまずくとは、歩いて転ぶことのほかに、人生上の失敗も含まれる。いつもつまずいてばかりではいけないが、少々のつまずきはいい。かえってもとより元気になるし、転落する危険も防いでくれる。

saying 043

相手の大きさに怯むな

山が高いからといって、戻ってはならない。行けば超えられる。仕事が多いからといって、ひるんではいけない。行えば必ず終わるのだ。

モンゴルのことわざ

第3章

励まし｜043

物事に取りかかろうという前に、その相手や目的物がやたらと大きく見えてくることがある。そこで怯《ひる》んでしまい、諦めてはいけない。相手や目的物が大きく見えることは、誰にもあることなのだ。それだけやりがいのあること、というわけだ。

どんなに高く見える山でも、行かねばならないときは、歩み出した後、止まったり戻ったりしなければ必ず頂上に着く。そして超えられる。そのために食料や防寒具、テントが必要となれば準備することも必要だ。

どんなに難しくて大量な仕事であるからといって、やらなくてはいけないものであれば、怯んではいけない。他人の協力が必要なら、助けを求めればいい。自分に必要なことは、やる気、根気である。怯まず、諦めない限り、必ず成し遂げられる。必ず終えることができるのだ。

要は、すべてにおいて、自分の意志と気力が必要なのだ。

saying 044

道に迷ってもいい

道に迷うことこそ道を知ることだ。

アフリカのことわざ

第3章

励まし｜044

道に迷うことなく、人のつくった、あるいは用意したルートを真っ直ぐに進むことは、よいことのように思える。

ドライブや山登りではそうだろう。しかし、これが人生航路となるとそうではなくなる。

一見、道筋を人が用意してくれて、それに乗っかると万全のようだが、実際、そんな例はほとんどない。もしあったとして何が楽しかろう。ちょっとの障害物があるだけで止まってしまいかねない。

地図はあったほうがいい。しかし、人生航路の本当の道は、迷いながらも、さらに自分でその地図を正しく完成させていくことでルートや目的地を見つけていくものだ。

兵法の一つに「迂直《うちょく》の計《けい》」というものがある。これは、早く戦場に着くだけではいけない、やるべきことをやりながら、必要なことを身につけてからこそ、勝てる態勢をつくり上げることができるということだ。

saying 045

運命

忍耐は運命を左右する。

ラテンのことわざ

第3章

励まし｜045

運命とは決まっているものなのか。いや、運命は忍耐力によって変わることがあるという。

物事を成功させるには時を味方にしなければならないだろう。孫子が「天の時を得ているかどうかを大切にせよ」と伝えたのは、そういうことでもあるだろう。それが運命を好転させていくのだ。

「時を待つ心」には、十分な準備を続けるということも必要となる。準備とは、夢や希望、さらには目標に近づくための努力、練習、修養、勉強というものだ。

イギリスの名首相、ベンジャミン・ディズレーリは、小説家としても成功している。ディズレーリのモットーは「絶望は愚か者の結論である」ということだ。目的を定めたらそれを見続け、努力をしてチャンスを待った。とにかく忍耐強く進んだのだ。

このように忍耐は運命を左右する。目的を達成するという人生を歩んだ彼の言葉には説得力がある。

「人生における成功の秘訣とは、チャンスが訪れたときにそれはいかせるように、しっかりと準備しておくことだ」

saying 046

私がいるのはみんながいるから。
みんながいるのは私がいるから。

アフリカのことわざ

第3章

励まし｜046

「和を以て貴しとなす」のが聖徳太子以来（いやそれ以前からの）日本人の生き方である。みんなで協力するという「和」の精神が日本の強みでもあった。

しかし、弊害もあった。他人に任せておけばよいという投げやりな人を生んだのだ。そこで福澤諭吉は『学問のすすめ』で、自立自尊を説いた。自分こそ自立し、自分を尊重することがなければならないと。

このアフリカのことわざにあるように、今では自立自尊と、人の和との調和がいいという人が多い。

フランスのアレクサンドル・デュマ・ペールによる「みんなは一人のために、一人はみんなのために」(ALL FOR ONE ONE FOR ALL）という言葉は、日本ではラグビーの世界で定着したが、このことをうまく表現している。あくまでも自立であり自己信頼だ。そしてそんな人たちが集まって仲間やまわりの人たちと協力し合うことで、大きな力となる。

決して甘えることもなく、他人にも感謝して生きる。それができれば何と素晴らしいことか。

saying 047

ライオンの尻尾になるより犬の頭がまし。

西洋のことわざ

第3章

励まし | 047

処世術としては、日本のことわざにあるように「寄らば大樹の陰」とか「立ち寄らば大木の陰」が楽なようだ。世の中は、より大きいものがうまくいくようにできているようだ。

ところが、その大きいものが突然崩されることがある。社会が変わったり、事業がなくなることはあることだ。そういうときは、「寄らば大樹の陰」の生き方はつらい目にあってしまう。悲惨なことも起きる。

一方、どの国においても、そんな人の言いなり、流れにうまく乗っていくだけの生き方より、自分を前面に出し、主体的に生きていこうという生き方を選ぶべきだということわざがある。自分のやりがいが大きくなるというわけである。

右のことわざもそうである。

中国では「史記」の中の有名な言葉がある。

「鶏口《けいこう》となるも牛後《ぎゅうご》となるなかれ」というものである。

saying 048

仲間がいるから遠くまで行ける

早く行きたいなら
ひとりで歩いてください。
遠くまで行きたいなら
ほかの者とともに歩いてください。

アフリカのことわざ

第3章

励まし｜048

江戸時代に日本中を測量して周り、初めて実測による日本地図を完成させた伊能忠敬《いのうただたか》は、4万キロメートル以上、地球一周分も歩いている。しかも測量しながらである。

私は大学生のころ測量のアルバイトをしたことがあるが、自分の地元の範囲でさえ二度とごめんというほどの大変さだった。

伊能忠敬は60歳を過ぎているのにそれをやり遂げた。それも仲間がいたからできたに違いない。とても一人でやり通せるものではない。補い合い、励まし合い、誰か病気のときは休ませ治療させるからできたのだ。

フランスの有名な政治学者だったアレクシ・ド・トクヴィルは言った。

「寒さが厳しい地域に行けば、人は歩みをどんどん早くしなければならない。人の心の内で最も障害となるものは寒気のようなものだ。この恐ろしい障害に立ち向かっていこうと思うのであれば、人間は真剣に精神を働かせ、また友人とともに勤勉に働き、少しの間も休んではいけない」

saying 049

苦労するから人は大きくなる

神は荷物を負うように、人の背中をつくる。

イギリスのことわざ

励まし｜049

楽な人生は一見いいようで、実は大したことがない。

人は何のために生きているのか。ただ死ぬまで息をしているだけなのか。それは確かに楽だろうが、大して意味があるものではなく、面白味にも欠ける。

やはり生きていてよかったと思えるのは、夢や希望を持ち、志を立て、その途中に苦労して頑張った自分を振り返るときである。

たとえうまくいかなくても、背中に苦労や悩みや人の希望を背負っている人は、影も大きくなる。人間的にも成長する。

日本では徳川家康の言葉がこれに近い。

「人の一生は重荷を負うて遠き道を行くがごとし。急ぐべからず」

本物は、重い荷物を背負ってじっくりと進んでいくのだということだ。

saying 050

苦さを知ってこそ、甘味もよくわかる

苦さの味を知らぬものは甘さもわからない。

ドイツのことわざ

励まし｜050

このことわざの意味するところは、人生の苦しみを経験したことのない者に、人生の本当のよさはわからないということである。

または、人生の悲しみや苦さを知った者でないと、他人のよさも見分けがつくものではないということであろう。「涙とともにパンを食べたことのある者でなければ、人生の本当の味はわからない」という言葉もあるが、これも同じような意味である。

無理してつらい目にあったり、悲しいことを経験する必要はないものの、生きていくうえで人は必ずつらい目や悲しい目にあう。感受性豊かな人は、この経験をもとに、その先の人生に生かしていくのである。すると、その人の人生は一味も二味もよくなっていく。

他人からしても、そんな人にこそ頼りたくなる。何の苦労も、苦い経験もない人は、恐くて頼れるものではない。

だから、つらいことにあっても、これは自分のためになる経験だと自分を励ましたいものである。

saying 051

あわてる乞食はもらいが少ない

ゆっくり行けば遠くへ行ける。

ロシアのことわざ

励まし｜051

何事も急ぎ過ぎてはいけない。慌てて事を進めると大事なことが抜け落ちることが多い。

考えついたらすぐに実行に移すことはよいが、その後、結果を早く得ようとしてはいけないものだ。着手はしても、同時によく考えなくてはいけない。

ゆっくりでいいから、落ち着いて、周りの景色を楽しみながら行くと、慌てて行くよりも遠くに行くことができたりする。

先に紹介した伊能忠敬は、50歳を過ぎてから天文の勉強を始め、後に15年もの間、測量をしながら日本地図を作った。それも、とても正確なものである。歩いた距離は4万キロ以上で、地球一周分はあったという。

今、車で日本一周をしようとしても、途中で挫折する人が多いのではないか。伊能忠敬のゆっくりと、しかも測量をしつつ歩いたことの偉大さがわかる。

日本では「あわてる乞食はもらいが少ない」という。これも慌ててしまうとかえってよい結果にはならないことをいっている。

saying 052

――ピンチを楽しめる度量が欲しい

バッファローに追われて木のてっぺんに登るはめになったら――景色を楽しみなさい。

アフリカのことわざ

第3章

励まし｜052

「ピンチはチャンスだ」とよくいわれる。

しかし、ピンチのときに心は動転し、余裕がなくなりがちである。

ならば、できるだけピンチが来ないようにと無難な生き方をする人もいる。一概にそれを否定することはないが、無難な生き方をやめて挑戦しようという勇気がある人に興味がわくものだ。

挑戦者は必ずピンチに陥るときがある。その連続といっていい。その挑戦者は、ピンチになったときにも、周りの景色を見る度胸がある。中には最初から視野の広さを持っている人がいる。こういう人が何かをつかみ、あっと驚くような世の中のためになるものを生み出したりする。

このアフリカのことわざも実にいい。木の上にいて景色を楽しんでいる人の姿が頭に浮かんでくる。

カップヌードルをつくった安藤百福《あんどうももふく》の言葉もいい。

「転んでもただでは起きるな。そこらへんの土でもつかんでこい」

saying 053

やることを精いっぱいやる

人事を尽くして天命を待つ。

日本のことわざ

第3章

励まし｜053

札幌農学校の初代校長・クラーク博士が残した言葉「少年よ大志を抱け」は、日本人のことわざのように広まった。新渡戸稲造が札幌農学校に入学したときは、もうクラーク博士は帰国していたが、新渡戸は「われ太平洋の架け橋とならん」と言って大志を立てた。そして「武士道」を英語で著し、それがベストセラーとなり、欧米人の間でも有名な存在となった。国際連盟の事務局次長としても能力を発揮した。

新渡戸はその後、アメリカの日本人排斥運動に反発し、第二の祖国アメリカを嫌うようになったが、昭和天皇からアメリカとの戦争を避けるために尽力してほしいと頼まれ、そのために訪米し全力を尽くした。

心身ともにボロボロになるまで頑張ったものの、それでも日米は戦争になってしまう(新渡戸の死後)。新渡戸は自らの大志のもと「人事を尽くして天命を待つ」の教えのように必死に頑張った。生きている間に新渡戸に向けて天命はよい結果をもたらさなかったが、戦後の日米の友好と自ら著した「武士道」が、今も輝き続けている。

saying 054

失敗するから、より進歩できる

ミスを犯さない人間には、何もできない。

イギリスのことわざ

第3章

励まし｜054

「失敗学」という学問の分野がある。日本がなぜ太平洋戦争に敗れたのかを考察した『失敗の本質』（ダイヤモンド社）という本も注目された。

それほどに人は、失敗をどう捉え、それをどう乗り越えていくのかについて関心を持つものである。

子どものころ読む伝記でも、偉人は数々の失敗にめげず、それを糧にして、自分を進歩させていき、ついには、偉人と呼ばれるほどになったというのが定番である。

単に定番であるだけでなく、事実、その通りだったから説得力がある。

失敗を恐れるのは私たち凡人にとって致し方ない面がある。誰も自ら進んで苦労はしたくないからだ。

それでも多くの人は、何かやろうとすれば失敗することになる。そこでくじけてしまってはいけない。せっかくもらった失敗という学びのチャンスを生かさない手はないのだ。失敗するから、私たちは進歩、成長できるのである。

saying 055

意志の強さ

意志が重荷の半分を引っ張る。

アイスランドのことわざ

励まし | 055

朱子の言葉に「精神《せいしん》一到《いっとう》何事《なにごと》か成《な》らざらん」というものがある。

日本人にもなじみの名言だ。私も小学生以来、よくこの言葉を使った。

ただ、最初の意志は半分ぐらいまでしか人間を引っ張らないようだ。あとはその継続である。実行し続けることなのだ。

努力を続ける、意志の力で立てた志を目標に勉強、修養し続けなくてはならない。

それでもまずは意志の力で始まるのだ。

西洋でよくいわれる「意志のあるところに道は開ける」もそうだろう。

意志の力があっての物事の始まりであり成就である。あとは信念である。自分を信じて、必ず達成するという思いを持ち続けることだ。

saying 056

自分は幸運と思い込む

おのれの運を信じる者くらい運のよいものはいない。

ラテンのことわざ

励まし｜056

日本のことわざに「運、根、鈍」というものがある。物事をうまくいかせるためには幸運であること、根気があること、鈍いといわれるほどにねばり強いことが必要だというのだ。

では、その運はどうすればよくなるのか。

人は運がよくなりたいとなると、開運のお守りやグッズを身につけ、神社などにお参りする。これは、自分に幸運をもたらすためのまじないであろうか。

幸運と不運は、理論的には誰もが公平に半分半分なはずだが、自分に運があると信じ、思い込んでいる人は、その運を見逃さない。また、自分以外の神や物や人に感謝の気持ちを抱いている。結局、運は人が運んでくるものだ。感謝の持てる人は人のためにあれこれと尽くしているところがある。だから運もよくなる。

先に紹介したイギリスの首相チャーチルは、「私は楽観主義者だ。それ以外のものであることは、あまり役に立たないようだ」と言った。つまりは、自分は運がいいと思い込むことである。

saying 057

長所と欠点

人間の長所は欠点があるということである。

ユダヤのことわざ

第3章

励まし　057

アメリカの元大統領、リンカーンは「欠点のない人は長所もない」と言ったらしい。

欠点がないというのは、何もしていないのと同じといえる。欠点というのは、他人に批判される癖などのことをいう。例えば、おしゃべりとか口が軽いとか。

では、どうして人は他人の行動を見て、欠点といって批判するのだろうか。それは、それによって自分や周りの人が迷惑したことがあるからである。

では黙っていればいいのか。黙ってばかりの人は、これも少なからず非難されることになる。

思うに欠点とは、その人らしい行為が少し程度を超えてしまうことなのではないか。これは生きている以上仕方のないことも多い。いずれにしても他人の行いはすべて非難の対象になる。だから欠点というのは、その人らしい生き方をしている証拠でもあるのだ。言い換えると、欠点は長所の裏返しなのである。

欠点があるから、その人の人生は充実していることになる。あとは、他人との関係でそれをどの程度抑えるかの問題だ。

saying 058

長寿でいよう

お前百まで、わしゃ九十九まで。
共に白髪の生えるまで。

日本のことわざ

第3章

励まし | 058

平均寿命が延びている。今では100歳を超える人も多い。特に女性は平均寿命が80代後半にまでなっている。

長寿となると、いわゆる認知症の問題が深刻となってくる。しかし、そうならずに元気な長寿の人を見ると、何か目標を持って仕事に精を出している人が多いように思える。目標といっても大げさなものではない。小さな畑の野菜づくりでも俳句でも何でもいいのだ。

先日散歩をしていたら、野菜づくりをしていた92歳のおばあさんが、自作の川柳を二、三教えてくれた。

それと、百田尚樹氏の『海賊とよばれた男』（講談社）を買って読んだともおっしゃっていた。ついでに里芋を数個いただいた。

私はアブハジアというロシアから独立した国のことわざにとても納得した。

「怠け者が天寿を全うしたためしがない」

日本人が長寿なのは、勤勉の性質が強いからでもあろう。

saying 059

不快なことは、次に楽しいときをもたらしてくれる

3月の風と4月のにわか雨とが
5月の花をもたらす。

西洋のことわざ

励まし｜059

私たちは、雨が降ると気分がよくないらしい。一方、農家の人は、時折雨が降ってくれるととても喜ぶものだ。雨がないと農作物が育たないからである。

右のことわざを人生にたとえてみるとよくわかる。風や雨は不快なこと、障害があることであろう。こうした風や雨があるからこそ、待ちに待ったきれいな花が咲いてくれるのだ。

人生も同じで、不快なことや障害があることで、何もない当たり前のことこそが幸せであることがわかるのだ。

また、不快なこと障害があることで、人はそれをどうにかして乗り越えることで一歩一歩成長できる。

あるとき、毎日のように晴れているからといって、一日中釣りをしたり、野球観戦をしたことがあったが、二、三日すると、とてもつまらなくなってしまった。

人生にとって、雨、風や不快なこと、障害があることには、とても意味があるのだ。

saying 060

忍耐力

幸福の鍵は忍耐である。

アラビアのことわざ

励まし｜060

イギリスのことわざに「自然、時間、忍耐は三大名医である」というのがある。これは、人は少々傷ついても、忍耐をもって我慢しているうちに治癒されていくことをいっている。身体だけでなく、心の傷にもだ。

小説家、バルザックも「人力とは忍耐と時間の合成物である」という。何事も忍耐なしには成し遂げられない。

ここでいう忍耐というのは、諦めてじっとしていることではない。やるべきことをやっている者が、時間を味方にし、成り行きを見守っていることである。

すぐに結果が出ることは少ない。だから忍耐なしに幸福になることもうまくいくこともないのだ。

宗教家のディーター・F・ウークトドルフも言っていた。

「忍耐とは、無抵抗にあきらめることでも、恐れて行動しないことでもありません。忍耐とは、積極的に待って耐え忍ぶことです」

忍耐は私たちの人生における攻めなのである。

saying 061

愚直な人がいい

愚直に働く農夫だけが最も育ったジャガイモを収穫できる。

ドイツのことわざ

第3章

励まし｜061

〝愚直〟とはバカ正直の意味で、ひたすら真っ直ぐに働き、人にもだまされやすい性格のことも意味しているようだ。しかし、このことわざにある愚直は、いい意味でひたすら勤勉な人のことではないかと思う。

農作物をうまく育てるには、勤勉に働くことが大前提である。知り合いの農夫が「農作物は、農夫（農婦）の足音を聞いて育つ」と教えてくれたこともあった。

また、農作業における勤勉とは、よく働くこととともに勉強が必須なのだ。種をまく時期、気温、種の種類のよしあし（場所によって違う）、肥料のつくり方、そのやり方、雑草の取り具合などなど大変な勉強量が含まれている。毎日毎日、自分の畑で研究する。これが愚直な農夫である。ジャガイモなどの農作物を育て収穫すること以外に欲はない。自分のやるべきことに、できる限りの知力と体力を向けて集中するのだ。

こうした愚直な農夫は、私たちのようにいろいろな仕事をする者にとってのあるべき姿といえる。愚直な人の多さが社会の健全性を決めるのか。こういう人たちこそ社会のヒーローなのだ。

第4章

戒め

saying 062

だまされない

ある男が初めて君を欺いたときには
彼を辱《はずかし》めるがいい。
しかし、その男が
もう一度君を欺いたのであれば
君自身を恥じるがいい。

西洋のことわざ

第4章

戒め 062

「だますよりだまされたほうがいい」という人もいる。そのわけは、だます人は結局、人から責められるようになり、すべてがうまくいかなくなるからというところからだ。

だが、それでは、だまされる人はたまらない。しかも二度以上も同じ人にだまされた人も愚かすぎると批判されることになる。

フランスのラ・ロシュフコーは言っている。

「決して人をだますまいという心掛けは、しばしばだまされる羽目に我々を追い込む」と。

とすると、あまりに堅苦しく、まじめすぎるのも考えものといえる。

人は、だますこともある動物だと理解しつつ、自分はだますことは基本的にしないという生き方が、よいようである。

saying 063

一番偉い人というのは一番働く人のこと

主人はたいてい、その家の一番偉い召使い。

イギリスのことわざ

戒め｜063

このことわざは、いろいろなことを教えてくれる。

主人、あるいは会社の社長などという組織、経営のトップは、一番忙しくして、一番働く人のことだ。一番偉いからといって、椅子に腰かけてふんぞり返って威張っている人では話にならない。それだとその家やその会社、その組織は必ずだめになっていく。

「人に任せる」というのは聞こえはいいが、もちろん任せられる人を選び、任せたうえでも、ちゃんと見ておかねばならない。

さらには、当たり前だが全責任は任せた自分が背負わなくてはならない。たまに、任せたその人のせいにして、自分には責任がないとするトップも見かけるが、そんな人に人はついていかないだろう。

一番忙しい人、一番働かなくてはならない主人は、切りのないやることの中から、自分が何よりも優先してやらなければならないものを重要な順に選んでいく。もし、任せられるものがあれば、それを選んで他の人にも任せるようにしなくてはならない。

saying 064

まずは自己信頼、次に他人の知恵

みんなからの忠告に基づいて
家を建てると、
できた家はいびつになる。

デンマークのことわざ

第4章

戒め｜064

人に相談し、いろいろな知恵をもらうことはいいことだ。

自分一人の考えは危なっかしいところがあるからだ。しかし、他人に相談し、ありがたい忠告をしてもらい、多くの知恵を授かるためには前提がある。このデンマークのことわざは、それを教えてくれる。

まずは、自己信頼。自分という人間の核たる方向性があること。それなしにいろいろな人の忠告を聞いていくと、それこそいびつな考え方になってしまう。忠告だけに頼って生きてはいけないということだ。

あのビートルズのジョン・レノンも「人の言うことは気にするな。『こうすれば、ああ言われるだろう……』こんなくだらない感情のせいで、どれだけの人がやりたいこともできずに死んでいくのだろう」と警告している。

saying 065

同じ失敗はしない

馬鹿は同じ石で二回つまずく。

ハンガリーのことわざ

第4章

戒め 065

「過ちを改めないのを本当の過ちという」という言葉がある。すなわち、一度のつまずきは誰にでもよくあることであり、何ら恥ずかしことではないのだ。

過ちを犯し、つまずくことで、自分の至らないところがわかり、それを改めることで進歩、成長が図られるのである。

しかし、同じ過ち、同じつまずきはよくない。進歩、成長がなされていない証拠である。それを右のことわざは言っているのだ。

偉そうにいう私だが、実は同じ石に二度も三度もつまずくことがある。その度に自分の馬鹿さ加減にあきれてしまう。どうすれば二度も三度も同じ過ちを犯さないで済むのであろうか。

私は、人に正直に自分の失敗談を告白して笑ってもらうことと、反省文を自分用に書くようにしている。

あとは、役立つことわざ、格言を学んで同じ過ちを犯さないようにと、いつも戒めている。

saying 066

仕事は食べるためと楽しむためにある

仕事をしなければ、ケーキはなし。

チェコのことわざ

第4章

戒め 066

このことわざは、「働かざる者食うべからず」とは言っていない。「ケーキがない」と言っているのだ。ケーキは食事以外の楽しみということだろう。ということは、仕事をしない者は、人生で楽しいことを経験できないということではないか。

人は何のために仕事をするのだろうか。まずは、食べるためであることは間違いない。

人間は皆、狩猟や農耕をして食べてきたはずだから、そもそもが食べるためであることが仕事の第一義であった。

それがだんだん家族制度、社会制度が進展し、富の蓄積をする者も出て、働かなくても食べていくことができる人も出てきた。

しかし、人はそれでも仕事に精を出す。仕事をしない人は、変な人といわれる。というのも、仕事は人生に生きがいと楽しみをもたらせてくれるものだとわかっているからだ。

人生を楽しむためにも、大いに働こうではないか。

saying 067

短気は損気《そんき》

怒って投げた石では鳥は仕留められない。

アフリカのことわざ

第4章

戒め | 067

投げた石がなかなか当たらないと、かえってますます怒って石を投げがちなのが人間一般である。

冷静さを欠くと、当たるものも当たらなくなる。

どうすれば怒らないで、物事に対処できるようになるのだろうか。

普段から腹を立てないように、自分を戒める訓練をするしかないのではないか。歴史評論、時代小説などをたくさん読み、強い人ほど、すぐ腹を立てたりしないことを知るのもいい。

いろいろ人や物事に怒りをぶつけてしまう人は、それが習性になっているようだ。

瞬間湯沸かし器などと、他人からバカにされる人になってはならない。そんな人に、他人は重要なことを頼まなくなるからだ。

権力を握っても、怒りにまかせて判断していると、後々、後悔するはめに陥ってしまう。

「短気は損気」(日本のことわざ)なのだ。

saying 068

心のこもったやる気のある仕事

やる気のない猟犬では痩せた兎《うさぎ》しか捕まらない。

オランダのことわざ

第4章

戒め｜068

「病は気から」という言葉があるように、気というのは人の体や能力、力を左右する大切なものである。その気の実体は何かというと、西洋医学的にはうまく説明ができないという。

しかし、やる気が仕事やスポーツの出来、不出来を左右することは、世界中で認められている。西洋においても「ガッツ」とか「スピリット」は、重要なものとして要求される。

孟子は、気は志が率いているとしている。佐藤一斎は、気が充実しているとすべての仕事はうまくいくという。幸田露伴《こうだろはん》も気が体中の血液をリードしているとし、気力が充実していると体も丈夫になるという。

以上から、オランダのことわざにもあるように、この気がいい加減でやる気のない者のなす仕事は、大したことがないのは当たり前である。

いい仕事は、心のこもったやる気のある者によってなされる。こういう人は、何をやっても必ずいい仕事をする。

saying 069

口は災いのもと

舌には骨はないが、
骨を砕くことはできる。

ヨーロッパのことわざ

第4章

戒め｜069

日本では「口は災いの門」とか「口は災いのもと」あるいは「舌は災いの根」という。何気なく言ってしまったことで、大変な災難を招くことがあるため、口は慎もうという意味だ。

　ここに紹介したことわざの中にある「骨を砕く」というのは、古代ヨーロッパの処刑法の一つであるという。骨のない舌は、何でもいえる便利なものだが、自分の骨を砕くことにもなる恐いものでもあるのだ。

　口が災いのもとにならないためには、どうしたらいいのだろうか。

　基本としては、普段から誠実な人であり、特に他人のためには骨を惜しまない人であるとの評判を得るくらいにしておくといいだろう。

　そのうえで、しゃべり過ぎるのを戒めておくとよい。ただ、話をすることは人間の楽しみの一つである。だからどうしても話したくなる。これをわかったうえでのよい対策は、人の話もよく聞くように習慣づけておくということだ。自分の話よりも人の話を多く聞くという心掛けでちょうどいい。

saying 070

一人の知恵はたかが知れている

英知とはバオバブの木のようなもの。
誰も一人でそれを抱きしめきれない。

アフリカのことわざ

第4章

戒め 070

日本では「三人寄れば文殊《もんじゅ》の知恵」という。文殊とは、知恵を司る菩薩のこと。凡人でも三人集まるといい知恵が出るということだ。

右のアフリカのことわざは、三人どころかもっと多くの人の知恵を出し合って、英知を出そうというものだ。

というのも、バオバブの木というのはとても大きく、中には何千年もの古木で直径は10メートル以上になるものもある。サン＝テグジュペリの『星の王子さま』では、「教会堂のように大きな木だ」とある。

人は、自分一人では大した知恵は出ないものだ。だからどうしても他の人と知恵を出し合ってよりよいものにしていかねばならない。

ただ難しいのは、全員が一致することも難しいし、その結論がいいとは限らないというところだ。喧々諤々《けんけんがくがく》ともみ合いつつ、「これだ」というものを出していきたい。うまくいかなければ、さらに知恵を出していくようにしたいものだ。

saying 071

納期は必ず守れ

遅れは危険を引いてくる。

古代ローマのことわざ

戒め｜071

嫌なことは何となく先延ばしにしたくなるのが、私たち一般人によく見られる習性である。嫌なものは見たくないし、考えたくもないからだ。

しかし、政治や仕事となると許されない。危険を招いたり迷惑をかけたりしてしまうからだ。ということは、日程など決められたものはできる限り守ったほうがいいことはわかる。

遅れると大変なことになることに、例えば軍事のことなどがある。北朝鮮の核開発防止を各国は何となく先延ばしにしてきた。気がついたらすでにＩＣＢＭ、水爆まで完成しているのではないかという。いつの間にか日本もすでに危険な状況におかれてしまっている。

軍事とまでいかないまでも、仕事で納期を守らないとどうなるか。

仕事相手は混乱し、対応策にあたふたする。場合によっては売上にも影響する。納期を遅らせた本人の信用は落ちてしまう（中には居直る人もいるが、将来必ず仕事のできない人となる）。

やはり遅れることは危険を招くと思うべきだ。

saying 072

適切な目標を意識する

どこに行くのか知らないなら、どの道を通っても同じだ。

スー族のことわざ

戒め｜072

スー族とは、アメリカ先住民（いわゆるインディアン）の部族の一つである。

インディアンは、アメリカ大陸の侵入者たる白人のように、自然や他民族を虐殺してでも自分たちの目標とする領地を支配していこうという生き方をしているわけではない。自然と共存しつつ、日々を生活していけばよかった民族だ。

しかし、それでも日々を豊かに生きていくためには目標が必要と考えた。

例えば、この季節はバッファローがどこに移動していくから、自分たちもどう移動し、そのうち何頭を食料にするのだというような目標である。目標は、バッファローを決して絶やさないためにも必要であった。ただ欲の満足、よりお金持ちになろうとするために何頭でも殺すということはなかった。

適切な目標を持つことは、人生や生活を円滑にしていくためにも必須となるものだ。

saying 073

教育は重要である

理想のない教育は、未来のない現在と変わらない。

ユダヤのことわざ

第4章

戒め｜073

私の世代は、もしかすると現代よりも未来への明るい希望や理想と、思想信条の自由を教えてもらってきたかもしれない。このことは、私は当時の恩師たちにとても感謝している。

特定の国や思想、信条をすべて否定するような教育は、希望と思想信条の自由を侵す、人類の歴史に逆行するものである。そんな教育をしていると若者の希望ある人生は制限されてしまう。

いつの時代も未来を開いていく中心は若者である。その人たちのそれぞれの人生を実り多きものにすることにおいても教育の役割が大きい。何よりも個人個人が理想を抱いて自分の人生を思うように生き抜くために、希望と思想、信条の自由を教えていかなければならない。

あとは、世の中を愛し自分を愛し、よい方向に変えていくぞという個々人の強い想いを見守る柔軟な社会をつくりあげていくことだ。

saying 074

いつまでも青春でいよう

身体の老いは怖れないが、心の老いが怖ろしい。

中国のことわざ

第4章

戒め｜074

どうせなら、死ぬまで若々しくいたい。

人生の理想は、10代の終わりから20代前半のような、心が生き生きとし、全身もエネルギーに溢れているような生き方を続けることである。

しかし、人は年を取る。体は衰えていく。その体の衰えは仕方のないものの、心の若さと、物事への情熱を失わなければ、充実した一生を送れるはずだ。

「青春とは人生のある期間ではなく、心の持ち方をいう。（中略）年を重ねただけで人は老いない。理想を失うとき初めて老いる」

終戦後、GHQ（連合国軍総司令部）のマッカーサー最高司令官の部屋にかけてあり、松下幸之助をはじめ、多くの日本人が共鳴したサミュエル・ウルマンの詩だ。

この「青春」と題された詩にはまだ続きがあり、こう締める。

「20歳だろうと人は老いる。頭を高く上げ希望の波をとらえるかぎり、80歳であろうと人は青春の中にある」

saying 075

見かけにだまされない

真理は顔だちはよいが、粗末な着物を着ている。

イギリスのことわざ

第4章

戒め｜075

見かけも重要だが、その見かけ以上に大事なのが中味である。中味とは真理とか本当の姿のことを指す。

見かけも重要といったが、見る目がある人が見ると、その中味は、見かけにも出ているのがわかるのだ。見かけも、中味（真理）が一体となってこそいいものを醸し出す。

私たち凡人は、ついちょっとした見かけにだまされてしまうこともある。粗末な着物を着ているからといって、その人の中味（真の姿、真理）を見落としてしまうのである。こちらの実力が増していくと、粗末な着物を着ようが、見かけがちょっと悪かろうが、真の姿が見えるようになる。粗末に見えた着物も、なかなか味があるとわかるようになる。

そうなるまでは、見かけにだまされないように自分を戒めていきたい。そうはいっても、あまりにも見かけが悪くて、中味もないような人や物とは、距離を置いてつき合っていいだろう。近づくには危険がありすぎるからだ。

saying 076

一秒たりとも無駄にする時間はない

神はつかの間の人生から、釣りに費やした時間を差し引いてはくれない。

バビロニアのことわざ

マンガ、そして映画でも人気があった『釣りバカ日誌』は、ある種、ビジネスマンの夢のような物語である。例えば、昭和のあの時代劇ドラマ『水戸黄門』に当時の日本人がみな喝采を送るのにどこか似ている。

主人公は出世よりも好きな釣りにうつつを抜かすが、その誠実な人間性が釣りを通してビジネスでも大成功することにつながっていく。しかし、あくまで本人は〝釣りバカ〟でありたいのだ。

右のことわざも、釣りを否定しているのではない。ただやるべきことから避けるため、怠けるためのこととして釣りをすることを例としている。現代のストレス社会では、精神の健全性を取り戻すための趣味として、あるいは、自由に思索する時間として釣りをするのはいいことだろう。

一般論として一秒たりとも無駄にする時間はないと思いたい。人生は短い。やることは多い。無駄な時間を過ごす余裕などないのだ。そのことに気づいたうえで、自分の楽しみ、ストレス解消の手段として余暇を楽しみたい。すると趣味の釣りも一層面白くなる。

saying 077

いつまでもぐずぐずしない

決定のときがきたら、準備のときは過ぎ去っている。

アメリカのことわざ

戒め｜077

チャンスというものは何度か訪れる。ただ、いつもというわけではない。だから、準備や努力をする人は、ここがチャンスだと思ったときは、「もう今が決定のときだ。準備のときは過ぎ去った」と自分に言い聞かせて、行動に移さなければならない。準備、努力を続け、チャンスのときに思い切り覚悟のある決定をすることである。

世界のホームラン王こと、元プロ野球選手の王貞治氏は述べる。

「名選手になることは難しくない。努力を怠らず、目の前にあるものをキッカケを逃さずに、確実に掴んでいけば、必ずどうにかなる」

卑近な例で申し訳ないが、あるテーマで原稿を依頼されたとき、私は、それは決定のときと思い、ほとんどそれを引き受ける。自分に書けるだろうかと思うといつまでも書けない。準備をするときは去ったのだと覚悟する。そして書きながらもそれについての勉強をする。決定のときと思うと、何とかやれるものなのだ。

saying 078

少年老いやすく学成り難し。

中国のことわざ

——一生が学びだ

第4章

戒め｜078

このことわざの出所は朱子といわれてきたが、中国では朱子以前からよく使われていたようだ。

日本でも、佐藤一斎が似たようなことを書いている。また、一斎の言葉の中で一番有名なのが次の文だ。「少にして学べば、則ち壮にして為すこと有り。壮にして学べば、則ち老いて衰えず。老いて学べば、則ち死して朽ちず」

つまり、一生学びなさいということだ。

それにしても、若いときというのは格別だ。というのも、若いときというのは、頭が吸収力に富み、エネルギーも充分あるからだ。例えば、同じ能力の人が20代で学び始めるのと30代で学び始めるのとでは、全然効果は違ってくる。私と妻の大学時代の英語力はほぼ同じだったが、彼女は20代から、私は30代から本格的に学んだものの英会話力においては（翻訳能力は別にして）はるかに私が劣ることになってしまった。

せっかくの人生である。その人に眠っている才能を開花させないともったいない。一生学ぶべきだが、特に若いときというのは、無限に近い可能性を備えている。

saying 079

集中力と信念

多くに手を染める者は
やり遂げること少なし。

ドイツのことわざ

第4章

戒め 079

昔、最高検の検事と一緒に地下鉄に乗っていたとき、彼のオランダ留学時代のエッセイを見せられた。「一芸は道に通ずるですね。さすがにこれはいいエッセイです」と褒めた。

学者の道に転じられ、わが母校のゼミに招かれたときのことだった。「一芸は道に通ずること」だから、この先生に人生の道を学ぶことはよいことだと、後輩たちが持ち上げた。トイレまでついてきて手を握ってお礼を言われた。

後がいけない。刑事訴訟の本を書いてもらおうとしたが、ベンツを運転させてくれ（スピードを出して危なかった）、ゴルフの打ちっ放しがしたいなどとおっしゃった。車の運転もゴルフもとても下手で目も当てられない。自分は何でもできると錯覚しているらしい。私は反省した。余計なお世辞を言ってしまったと。「もちはもち屋」である。自分にやれることは限られている。それに打ち込んでこそ「一芸は道に通ずる」と思った。やたらと多くに手を染めては、すべてが台無しとなる。

saying 080

健康的な生活

百人の医者を呼ぶよりも、
夜更かしと夜食をやめよ。

スペインのことわざ

第4章

戒め｜080

病院に長く入院していたとき、隣のベッドの大先輩が（70歳近い方）、いつも夜中の12時くらいに抜け出していた。「何をなさっているんですか？」と聞いたら、カップラーメンを食べに行っているという答えが返ってきた。60歳を過ぎて定年を迎え、離婚して気ままな生活を送っていた彼は、夜更かしと夜食の常習犯だった。

男性は妻が先立ったり、離婚したりすると長生きできないといわれるが、こういう不健康な生活習慣をつくることも一つの原因ではないかと思う。

若いときの夜更かしと夜食は楽しい。20数年前、いわゆる白夜のヨーロッパに行ったことがある。夜10時はまだ宵の口という感じだった。日本人が長寿なのは、白夜がないことも一因ではないかと思ったほどだ（少し大げさだが）。

いずれにしても夜更かしと夜食は30代にはやめたい。40代以降は絶対やめたほうがいい。特に50代を過ぎるとご法度といえる。何も死に急ぐことはない。日々の楽しみ方は他にもいっぱいある。

saying 081

取らぬ狸の皮算用

まだ産まれていない卵を気にかけるな。

ドイツのことわざ

第4章

戒め　081

将来への希望や楽天的な性格は、とても有用なものである。ただ、右のことわざの真意はそれらを超え、何の努力もせずこうなったらいいなと期待するだけではだめだよ、というものである。

ニワトリが卵を産むためには、ほどよい小屋をつくり、よいエサをあげるなどの努力が欠かせない。ただ漫然と期待するだけでは、決してよい卵は生まれてこない。

私の祖母はニワトリを飼っていた。いわゆる放し飼いで、エサは新鮮な魚や野菜を煮込んだものである。それを毎日大釜で煮た。幼い私はそれを手伝い、その苦労の末に美味しい卵は生まれてきたのだった。ニワトリは放っておけば卵を産むのではと考えていた私は、物事にはそれ相応の準備がいるのだなとそこで知ったのだった。これは、人生のすべてに当てはまるものだ。

何もしないでいれば、それなりの成果しかない。準備を怠らず、勤勉に物事に集中していれば、そのうちに必ず成果は出てくるものだ。

第5章

真理

saying 082

若さとは柔軟性のこと

柔軟性を持っている者は、いくら年をとっても若い者だ。

ユダヤのことわざ

第5章

真理｜082

105歳で亡くなられた日野原重明《ひのはらしげあき》氏は、100歳を過ぎても、医師としての仕事をされていた。

102歳のころの講演映像を観たが、元気いっぱいでその話もよくわかった。

その日野原氏は、ユダヤ系オーストリア人の哲学者、マルティン・ブーバーの「始めることさえ忘れていなければ、いつまでも老いることはない」という言葉を信奉されていた。この言葉も右のユダヤのことわざと同じく、その柔軟性が何歳になっても元気である理由であるということだろう。

かつての日本では、隠居という老人向けの生活方法があった。今でいう定年のようなものだ。

しかし、隠居しようが、定年になろうが、そこから自分のやりたいことに手をつける人はいる。そんな人は、いつまでも若くて元気だ。

「なりたかった自分になるのに、遅すぎるということはない」（ジョージ・エリオット）のである。

saying 083

失敗をしなければ、生きている意味が少なくなる

間違いをせずに生きるものは、それほど賢くない。

フランスのことわざ

第5章

真理｜083

日本が誇る自動車メーカーのトヨタが世界のトップ企業であり続けることができるのは「改善」をしていくという哲学があることも大きい。

「改善」という言葉は世界的に定着し「カイゼン」と呼ばれている。要は、間違えたり不具合が起きるからこそ、よりよいものになっていくのだ。

トヨタはもともと自動織機を作る会社だった。日本人の手による自動車産業を興そうと、当時、取締役だった豊《とよ》田《た》喜《き》一郎《いちろう》は社内に自動車製作部門をつくり、無謀ともいえる自動車づくりに挑戦した。間違いの連続、失敗の連続である。ミスをしないとよくなるチャンスはなかったのだ。こうして日々「改善」することで、消費者の喜ぶ自動車ができるようになっていった。

私は、トヨタの成功を見るとき、いつもエルバート・ハバードの次の言葉を思う。

「人生で犯す最大の誤りは、誤りを犯しはしないかと絶えず恐れることだ」

saying 084

旅の効用

ロバが旅に出かけたところで馬になって帰ってくるわけではない。

西洋のことわざ

第5章

真理｜084

日本ではよく「可愛い子には旅をさせよ」という。ここで「旅をさせよ」とは、広く世間に出て一人で苦労してみよということだろう。親からしてみると、可愛い子どもは危ない目にあわせたくない。だが、それでは子どもの成長も止まりやすいと思うのだ。

歴史的にも、旅に出て、流れ者のように苦労してから大物になったという人は多い。日本では豊臣秀吉、アメリカではベンジャミン・フランクリンなどがその例である。要するに、問題意識、目的意識を持てるかどうかの違いであろう。何の問題意識、目的意識もないままに、旅行をしたり、海外留学をしたりしても、このことわざにあるように人間の本質は変わるものではない。

志や夢の大きい人は、旅で人に会い、土地、自然と触れることで大人物となれる。ただ、漫然と旅に出、留学をしても、面白おかしいだけに終わり、「旅の恥はかき捨て」の人となりやすい。

saying 085

覚悟をしている人は強い

濡れているものは雨を恐れない。裸の者は盗賊を恐れない。

ロシアのことわざ

第5章

真理｜085

人間、覚悟を持つことほど強くなるものはない。いわゆる葉隠武士道では「武士とは死ぬことと見つけたり」とした。つまり、毎朝、死ぬ練習をしているので、恐いことなどないのだ。自分はすでに死人のようなものであり、正しいと思ったことをやり通し、これに敵対するものがあれば、死んでもやり抜くだけだとなる。

ある意味、その日を一生と思い、手を抜くことなく、生き切るということになる。だから、船に乗って、嵐にあい、ずぶ濡れになっている自分を想像し、悪戦苦闘しながらも死んでいく自分がいるというイメージトレーニングや覚悟をしていると、雨に濡れることなど恐ろしくもなくなるのだ。

このように真剣な覚悟さえしてしまえば、大抵のことは何でもなくなる。

つい楽をして、嫌なことに遭遇しないことばかりを願って暮らしていると、かえって人は弱くなる。覚悟して生きることで人は強くなれるのだ。

saying 086

知恵の使い方

幸福に恵まれるために
知恵はいらない。
しかし、この幸福を活かすためには
知恵がいる。

ユダヤのことわざ

第5章

真理｜086

これまでにも述べたように幸福というのは、何でもない平穏な日常を送ることができることである。ここに気づくことには大して知恵はいらないかもしれない。ところが、この幸福を維持し、守っていくことには知恵がいる。

ユダヤのことわざにある、「幸福を活かすためには知恵がいる」というのは、このことを指している。

例えば、健康な体は、知恵がなくても存在するのかもしれない。しかし、暴飲暴食や運動をしない生活を続けると、健康は確実に損なわれ始める。

健康な体から、病気の体になってしまったとき、これをどうやって治していくかは大変知恵のいることである。科学的な西洋医学を受けつつ、漢方の知恵も借りたりする。不健康な生活を改め、健康生活に変える。適度な運動をするなどである。どうすれば一番いいかは、なかなか見つけられないほど奥が深い。

健康だけでなく仕事でもそうだが、創業の成功より、守成の事業存続のほうが難しく、多くの知恵がいるのである。

saying 087

自助の精神

天は自ら助くる者を助く。

イギリスのことわざ

第5章

真理｜087

この言葉は、サミュエル・スマイルズのものと思われている節もあるが、イギリスに古くからあることわざのようだ。現に、その前にベンジャミン・フランクリン（アメリカ建国の父）も格言として紹介している。

サミュエル・スマイルズの『自助論』は世界中で読まれたが、日本では明治4年に中村正直が『西国立志編』と訳して出版している。これが福澤諭吉の『学問のすすめ』と並んで大ベストセラーとなり、明治時代の青年たちに大きな影響を与えた。その書き出しは、こう始まる。

「『天は自ら助くる者を助く』という格言は、人類の多くの試練を経て生み出された。この短い言葉には、数限りない人々の経験から導き出された、人生で成功するための法則が示されている。自ら助くという、自助の精神は、人間が真に成長していくための根本となるものである」

とても格調の高い文章である。新時代を開くぞ、との思いがいっぱいの明治の若者が競って読んだのがわかる。

saying 088

健全なる精神は
健全なる身体に宿れかし。

ヨーロッパのことわざ

第5章

真理｜088

この言葉については、さまざまなところで議論されている。

日本では昔から「文武両道」といわれてきた。その意味するところは、「学問によく学び、剣の道にもよく励むことによって本物の武士となる」というものだ。今はこの「文武両道」は、いわゆる進学校でスポーツも強いことの代名詞として用いられることが多い（使い方を少々間違えているようだが）。

人間は、元来動物である。動物であるが考える葦《あし》でもある（パスカル）。

だから健全な精神を持ち続ける工夫をすると同時に、健全な身体を目指して鍛えておくべきものである。

バランスよく精神と身体を保つために、工夫、努力をしておくのが人間の理想である。

saying 089

人は出会いで人生が変わる

山と山は出会わないが人と人は出会う。

アフリカのことわざ

第5章

真理｜089

人が面白いのは、その人の人間性、能力だけで人生が決まるわけではないということである。

人は人と出会うことで人生が変わり、人生が決まっていくといえるのだ。

もちろん、どんな両親の血を受け継いで生まれたかの影響は大きいが、兄弟はどうか、どういう人に習ったか、友人にどんな人がいるのかが遺伝以上に影響する。

それればかりか、大人になって外の世界に出ていくうちに、決定的ともいえる出会いはある。

例えば、坂本龍馬は高知から出て江戸に行き、そこで勝海舟を暗殺しようと乗り込み、逆にその人物に惚れ込んだ。その出会いから日本を変える英雄の一人になっていく。

世界中にこのような例は限りなくある。私たちだって運命の人に出会うことはある。

山は偉大で素晴らしいが、人間もそれ以上に素晴らしくもなれる。それをもたらしてくれるのは、人との出会いなのだ。

saying 090

雄弁と沈黙

雄弁は銀、沈黙は金《きん》。

ヨーロッパのことわざ

第5章

真理 090

雄弁であることは大きな武器となり、役立つことが多い。しかし、さらに重要なことは、ときに沈黙することが、その雄弁さより勝ることをよく知り、実践するということである。

もともと東洋では、おしゃべりな男はレベルが低いとされてきた。特に日本の武士道においては「剛《ごう》毅《き》朴《ぼく》訥《とつ》」（意志が強く飾りけがなくて口数が少ないこと）がいいといわれていた。

しかし西洋では、ディベートにみることができるように、雄弁であることは能力が高いとされてきた。

東洋でも、日本以外の中国人や韓国人はよくしゃべる。現代では日本でも話す力、話す技術への関心が高まっている。それでも、人間関係では聞くほうを意識したほうがうまくいきやすい。これに沈黙できる判断のよさがあれば鬼に金棒である。

「沈黙は金」であることを意識しておきたいものだ。

saying 091

長所を伸ばす

一芸は道に通ずる。

日本のことわざ

第5章

真理 | 091

人間、誰もが長所と短所が混在している。完璧な人間など存在しない。

では、その欠点を直すということに力を入れるとどうなるだろうか。欠点を直すことで、よりよい人になっていくことができるはずである。

ところが、この欠点を直すというのは、本当に難しい。少しはよくなることはあろうが、完全に直るまでにはなかなか至らない。それより、長所を伸ばすほうが楽だし、本人もうれしいだろう。

日本のことわざに「一芸は道に通ずる」というものがある。一つのものを極めていくと、他の分野でも上達の道がよくわかり、今まで欠点のように見えたものでも、長所に変えられることがあるというものだ。

例えば、剣の道を修めた宮本武蔵や柳生宗矩《やぎゅうむねのり》などは、晩年に兵法のみならず、武士の生き方、政治のあり方、芸術などにも通じるようになった。私たちも、自分の得意とするところを大いに伸ばすことで、欠点も見えなくしていきたいものだ。

saying 092

雑用を一流にこなせる人は、一流の仕事ができる

一杯のお茶、それをきちんといれることができたなら、あなたはすべてのことができるはず。

イスラムのことわざ

第5章

真理｜092

雑用を馬鹿にしてはいけない。一流の雑用ができる人は、必ず一流の仕事ができる人である。

豊臣秀吉は、お茶のいれ方がいいからということで、寺の小僧だった石田《いしだ》三成《みつなり》を登用したという。

三成は秀吉の下では最高の部下の一人であった。ただ、秀吉の死後は、義を貫くことで徳川家康に敗れた。三成を生かしてくれる人がいなくなったための悲劇である。あるいは、権力者に登用され錯覚してしまった人間の悲劇でもある。しかし、三成がいて関ヶ原の戦いがあったからこそ、日本武士の義の厚みがある歴史となった。

お茶をいれるなどの雑用力プラス人望、度量の大きさがあれば、鬼に金棒であるといえる。

会社などで偉い立場であり続けると、退職後、料理の一つも、それこそお茶をいれることもろくにできなくて、悲惨な老後を招く人も多いという。

お茶をいれる、コピーをとる、お使いを果たす、これらの雑用をないがしろにしてはいけない。「神は細部に宿る」のである。

saying 093

世の中は役割分担

水は飲めるが燃えはしない、
石油は燃えるが飲めはしない。

サウジアラビアのことわざ

第5章

真理｜093

日本では、水はほぼただで手に入れることができる。水ではなく石油を確保するために戦争を起こすはめに陥った日本人からすると、石油は水よりもずいぶん価値があるなと思うところがある。

しかしサウジアラビアなどでは、水は貴重極まりない。最近は日本でも高価な水が出てきており、ただでという訳にはいかないようになっている。要するに、水も石油もなくてはならないものである。時代、時代でその価値の比重は移り変わるだけなのだ。

同じように、私たち人間にも、役割分担がある。ただし、やはり時代、時代で脚光を浴びる人、大きく注目される人は違う。

もし違うからといって、その役割分担を忘れてしまうと、世の中はうまく成り立たない。だからたとえ今、時代に合っているからといって、有頂天になることなく、また、流れに乗っていないからといって腐ることもなく、自分の役割に邁進していきたいと思う。

saying 094

適切な言葉は病んだ心を治す。

イギリスのことわざ

真理｜094

「口は災いの元」であるが、適切な言葉は、人間に与えられた最高のプレゼントの一つになる。

私はエマーソンの「心の奥底に達して、あらゆる病を癒せる音楽、それは温かい言葉だ」という名言を座右の銘の一つにしている。

私は死ぬかもしれないという病いで入院していると き、人々の励ましの声や看護師さんたちの温かい言葉にどれほど癒されたか。もちろん医学的見地からの治療も重要である。しかし、やはりその前提になるのは、病んだ人の心に元気さをもたらすことであろう。

論語の中で、孔子は最高の人格を仁とした。仁というのは適切な思いやりができること、適切な言葉をいえることである。

適切な思いやりや言葉というのは、なかなか難しいが、相手の気持ちをよく慮《おもんぱか》って、今一番役立つだろうと思えることを選んでする行動と言葉のことである。このことができる人は何をやっても一流の人となれる。

saying 095

道理が最後に勝つ

無理が通れば道理が引っ込む。

日本のことわざ

真理 095

無理を通す人がいる。無理を通す組織、無理を通してしまう社会、国もある。

どうして無理が通るのかというと、声が大きいとか、賄賂のおかげとか、えこひいきで判断してしまうとかなどで通ってしまうのだ。

どうせ世の中はそんなもんさと思いたくなることもある。しかし、そんな無理が通ってしまう組織や社会、国家は、道理という正しい道が引っ込んでしまうのだ。すると、その組織や社会、国は必ずだめになっていく。そのだめになっていく期間は、すぐにというものから何年もかかる長いものがあるところがもどかしい。

孫子は、兵法の基本に五事というものを挙げている。これをないがしろにした者は、結局勝てないとする。その五事とは、道、天、地、将、法である。道と法も道理である。

道理が引っ込むところは必ずだめになる。

saying 096

忙しぶる人はつまらない人

何もすることのない人は、いつも誰よりも忙しがっている。

フランスのことわざ

第5章

真理｜096

私の長年のビジネス経験でわかったことは、力があり、やることを沢山抱え、それをテキパキと重要度順にこなしていく人は、決して忙しぶらないということだ。

逆に、いつも忙しい自分を演じ、忙しいことを大げさに口にする人は、大した仕事をしていない。時間も守らないような人が多かった。だから自分も決して「忙しい」とは口にすまいと心に決めてきた。

実際、忙しいことは感謝すべきことだ。それだけやるべきことがあるのだから。期待もされていることになる。それを「忙しい、忙しい」と言い散らしている人は、自分をあてにするなと言っているに等しい。要するに仕事をしたくないか、何もすることがない人であるのがほとんどである。

本当にやることが多い人で優秀な人は、自分でできることを決め、あとは人にやってもらうものだ。決してすべてを自分で抱え込まない。

だから「忙しい」ふりを見せることはない。

saying 097

机越しに交わす賢人との問答は、一か月間の読書と同じ価値がある。

中国のことわざ

第5章

真理｜097

慶応義塾の名塾長として、また、皇室の教育係としても有名だった小泉信三氏は「人生において万巻の書を読むより、優れた人物に一人でも多く会うほうがどれだけ勉強になることであろうか」と言った。

ただ小泉氏は、こうも言っている。

「私などのように読書が仕事のような生活をしているもの」（『読書論』岩波新書）と。

それは、日々読書と思索をしている人は、短い時間であっても人から直接教わることの価値がわかるということなのだ。

中には読書をしているから「オレは偉い」と錯覚する人がいるが、これは実は真の読書家ではない。本を読み、思索し、向上している人は、会う人の素晴らしさをよく理解できるものだ。そこから得ることができる人なのだ。

結局、人にも本にも、よく学ぶ人がいい。すると、人から教わる価値が本に勝ることがあることがよくわかる。また、読書をして何かを得られることの喜びもだんだんわかってくるのだ。

saying 098

賢者の学び方

経験は愚者の、理性は賢者の教師。

ドイツのことわざ

第5章

真理｜098

ビスマルクは「愚者は経験に学び、賢者は歴史に学ぶ」と言ったという。

この言葉は、このドイツのことわざと似たところもある。ひょっとしたらドイツ統一の大功労者ビスマルクは、このことわざに影響されてそう述べたのかもしれない。

理性を重んじるのはドイツ人らしい。大哲学者、カントの代表作にも「純粋理性批判」「実践理性批判」がある。

一方、アメリカは経験哲学とか経験論とかが隆盛であり、ドイツの考え方と少し違った。経験も大いに生かして、学ぶ対象とするのである。

思うに、経験に学ぶことは必要なことである。これを愚者ともいえまい。ただ、経験だけでなく、読書などもし、よく思索し、あるべき姿、将来の目標などを見極めていくことはより重要である。

saying 099

介在者のありがたさと難しさ

翻訳は女性のようなものである。
美しければ忠実じゃないし、
忠実であれば美しくない。

ポーランドのことわざ

第5章

真理｜099

吉田松陰は伊藤博文（日本の初代総理大臣）の能力をそんなに買ってはいなかったようだ。しかし〝周旋《しゅうせん》家《か》〟としての才能で役立つ人となると見ていた節がある。周旋家とは人と人の介在を通してその間をうまくまとめていき、大きな仕事とする人のことをいう。翻訳する人ともいえる。人の考えや文章を別の人が読める形で伝えたり、文章にしたりする人のことである。

翻訳、介在、周旋は難しい。その仕方で本人の顔や形がまったく別のものとなる。右のことわざのように、翻訳する人によって美人にもなり、不美人にもなる。

伊藤博文は、大久保利通をリーダーとしてうまく立て、西郷隆盛一派を追いやった。日本の内政のためにはそれがいいと思ったのだろう。後には欧州の憲法を学び、明治憲法をつくった。すごい翻訳者、周旋家であった。さすが松陰の見る目は鋭かった。

私たちも、一人だけでは世の中うまくいかない。よき翻訳者、介在者、周旋家を常に探しておくべきである。

saying 100

時を待つ

待つことができる者は
多くを成し遂げる。

ドイツのことわざ

第5章

真理 100

私が中学校三年生のとき、田舎の駅前の本屋さんにふらっと入ると、当時、大ベストセラーだった松下幸之助の『道をひらく』（ＰＨＰ研究所）が山のように積んであった。何気なく開いてみると、そこに「時を待つ心」について次のように書いてあった。

「悪い時が過ぎれば、よい時は必ず来る。おしなべて、事を成す人は、必ず時の来るのを待つ。あせらずあわてず、静かに時の来るのを待つ。時を待つ心は、春を待つ桜の姿といえよう。だが何もせずに待つ事は僥倖《ぎょうこう》を待つに等しい。静かに春を待つ桜は、一瞬の休みもなく力をたくわえている。たくわえられた力がなければ、時が来ても事は成就しないであろう」

ここにあるドイツのことわざの意味を見事に解説してくれているではないか。

待つことのできる者は、日ごろの努力を怠らない。しかし、成果を焦らない。いずれ時が来るさと楽天的である。

すぐの結果を求めすぎてはいけないのである。

本書は二〇一八年一月刊行『世界のことわざ１００』（総合法令出版）に修正・編集を加えたものです。

遠越 段（とおごし・だん）

東京都生まれ。早稲田大学法学部卒業後、大手電器メーカー海外事業部に勤務。

１万冊を超える読書によって培われた膨大な知識をもとに、独自の研究を重ね、難解とされる古典を現代漫画をもとに読み解いていく手法を確立。偉人たちの人物論にも定評がある。

著書に『時代を超える！ スラムダンク論語』『桜木花道に学ぶ“超”非常識な生き方48』『人を動かす！ 安西先生の言葉』『東洋の偉人×賢人の知恵 心に響く名言100』『図解　大人のための論語』『世界の偉人×賢人の知恵 心を燃やす名言100』『スラムダンク武士道』『スラムダンク孫子』『ワンピースの言葉』（すべて総合法令出版）などがある。

ブックデザイン／別府拓（Q.design）
ＤＴＰ／横内俊彦

1日1つ、教養が身につく
世界のことわざ100

2023年 4 月18日　初版発行

著　者　遠越段
発行者　野村直克
発行所　総合法令出版株式会社
〒103-0001 東京都中央区日本橋小伝馬町 15-18
EDGE 小伝馬町ビル 9 階
電話　03-5623-5121
印刷・製本　中央精版印刷株式会社

落丁・乱丁本はお取替えいたします。

ISBN 978-4-86280-900-1
総合法令出版ホームページ　http://www.horei.com/